무례한 세상에서
나를 지키는 법

무례한 세상에서 나를 지키는 법

하와이 대저택 편역

THE ART OF DISTANCE

BALTASAR GRACIAN

발타자르 그라시안

논픽션

이 책을 무기로 쓰는 법

1. 400년의 정수를 벼려내다 우리는 발타자르 그라시안의 사상을 가장 날카롭게 정제했다고 평가받는 조셉 제이콥스의 1892년 판본을 저본으로 삼았네. 그의 문장은 군더더기가 없지. 그 서늘한 통찰 위에, 소음이 가득한 2026년을 살아낼 자네의 현실을 덧입혔네.

2. 번역이 아닌, 문장의 재탄생 사전적 의미에 갇힌 죽은 언어는 모두 걷어냈네. 대신 자네가 관계의 비릿함 속에서 길을 잃거나, 타인의 무례함에 마음이 허물어질 때 당장 꺼내 쓸 수 있는 '날 선 언어'로 다시 썼지. 원문의 단어 하나에 집착하기보다, 그 문장의 '뼛속'에 담긴 의도를 읽어주게나.

3. 순서에 얽매이지 말고 갈증이 나는 곳을 펼쳐라 이 책은 처음부터 끝까지 읽어야 하는 숙제가 아닐세. , 자네의 손길이 닿는 페이지를 무심하게 펼쳐보게.

목차

2부
전쟁터 같은 사회에서 우위를 점하는 법

3부
호구가 되지 않고 우아하게 거절하는 법

4부
불안을 잠재우고 나만의 속도로 사는 법

초대

손잡이가 없는 인간이 되려는 당신에게

어서 오게. 문밖에서 서성이는 걸 보니, 자네도 꽤나 지친 모양이군.

세상은 자네에게 '착함'이 정답이라 가르쳤겠지만, 내가 본 세상의 진실은 조금 다르더군. 호의는 곧 권리가 되고, 모든 것을 내보이는 솔직함은 결국 상대를 지배하게 만드는 패를 건네주는 꼴이라네. 패를 보여주는 순간, 자네는 지배당하게 되어 있지.

그러니 이제 그만 '모두에게 좋은 사람'이라는 굴

레를 벗어던지게나. 누군가에게 좋은 사람이라는 소리는, 그만큼 자네가 이용하기 편한 사람이라는 뜻일 뿐일세. 타인이 제멋대로 휘두를 수 있는 약점을 내주지 않는 것, 그것이 자네의 자존을 지키는 가장 위대한 선택이 될 걸세.

이 책은 자네를 위한 '갑옷'이자, 가장 조용한 순간에 가장 강력하게 상대를 압도할 지혜의 정수네. 위로보다는 살아남는 법을, 아부보다는 우아하게 거절하는 법을 배우게 될 거야.

1부

패를 감추고
침묵으로 압도하라

THE ART OF DISTANCE

001

손잡이가 없는
인간이 되는 법

누군가에게 '참 좋은 사람'이라는 소리를 듣고 싶은가? 미안하지만 그건 당신이 그만큼 이용하기 편한 사람이라는 뜻이라네.

'손잡이가 없는 인간'이 되게나. 컵이나 칼에 손잡이가 달린 이유는 무엇인가? 누구나 쉽게 쥐고 제멋대로 휘두르기 위함이지.

사람도 마찬가지라네. 손잡이가 없는 인간이란, 타인이 당신을 자기 뜻대로 부리기 위해 쥐어 잡을 만한 '약점'이나 '뻔한 구석'을 내주지 않는 사람을 말하네. 만약 당신이 너무나 흔하고 뻔해진다면, 사람들은 더 이상 당신의 다음 행보를 궁금해하지 않지. 신비감이 사라진 자리에는 곧 권태가 찾아오고, 그 권태는 '익숙하니까 마음대로 해도 된다'는 멸시로 변질된다네.

당신의 가치를 아끼고 아껴서, 세상이 당신을 '얻기 어려운 보석'으로 여기게 만드는 것. 그것이 바로 당신의 자존을 지키는 가장 위대한 선택이라네.

002

패를 보여주는 순간
지배당한다

모든 패를 테이블 위에 다 까놓고 시작하는 게임은 이길 확률도 낮지만, 무엇보다 상대에게 긴장감을 주지 못해 시시해진다네.

당신이 무엇을 할지, 다음 목표가 무엇인지 즉각 선언하지 말게. 세상은 당신이 입을 여는 순간 기대를 멈추고 대신 당신을 평가하기 시작하지. 특히 당신의 위치가 중요할수록 그 침묵의 효과는 극대화된다네.

일의 진행 과정에 약간의 '안개'를 섞어보게나.

예를 들어, 새로운 대사大事를 도모할 때 모든 치밀한 방책을 공유하기보다 핵심적인 한 수만을 보여주며 다음 행보를 비밀에 부치는 식이지. 그러면 사람들은 당신의 의중을 파악하려 애쓰며 당신을 함부로 대하지 못한다네.

그 모호함이 당신의 권위를 만들고 타인의 상상력을 자극할 거야.

신중한 침묵이야말로 세상을 살아가는 진짜 지혜의 방패라네. 사람들이 당신을 궁금해하게 만들고, 계속 지켜보게 하는 것.

그것이 당신을 지배당하지 않는 강자로 남겨둘 걸세.

·

003
—
당신의 취향을
암호화하라

　화가 나거나 들뜨는 순간을 조심하게나. 격정은 당
신의 영혼이라는 성을 여는 가장 약한 고리니까. 속
을 다 보이는 순간 당신은 사냥감이 되고 만다네.

　가장 실용적인 지식은 바로 그 감정을 숨기는 데
서 나오지. 패를 다 보여주고 게임을 하는 자는 판돈
을 잃을 위험을 스스로 부르는 꼴이야.

　질문자들의 집요한 호기심에 맞서 당신의 신중함
을 방패로 삼게나. 필요하다면 먹물을 쏘고 달아나는

오징어처럼 당신의 의중을 감추어야 하네. 특히 당신의 취향을 함부로 드러내지 말게.

만약 당신이 어떤 귀한 비단이나 특정한 향료에 마음을 뺏겼다는 사실이 널리 알려진다면, 영악한 무리들은 당신을 매수하기 위해 바로 그 물건을 가져다 바칠 걸세. 당신의 기호를 아는 순간, 그들은 당신의 영혼에 연결된 보이지 않는 줄을 쥐게 되는 셈이지.

아첨꾼들은 당신이 좋아하는 것을 미끼로 당신의 이성을 마비시키고 결국 그들이 원하는 방향으로 당신을 끌고 갈 테니, 당신의 진짜 선호는 오직 당신만의 마음속 금고에 넣어두게나.

004
—

당신의 바닥을
보이지 마라

현명한 사람은 타인에게 존경받고 싶을 때 자신의
지식과 능력의 끝을 결코 보여주지 않는다네. 사람들
이 당신의 능력을 '어느 정도 알게'는 하되, 결코 '전
부 파악하게' 하지는 말게나.

인간은 참 간사해서, 상대의 한계를 아는 순간 실
망하고 더 이상 궁금해하지 않지. 그 누구에게도 당
신을 완전히 파헤칠 기회를 주지 말게.

당신의 재능이 어느 정도인지에 대한 '추측'과 '의

문'은, 설령 그것이 실제보다 대단치 않더라도 명확한 지식보다 더 깊은 경외심을 불러일으키는 법이야.

바닥이 훤히 보이는 개울가는 아이들이 돌을 던지며 놀지만, 바닥이 보이지 않는 깊은 물속을 볼 때 사람들은 두려워하며 조심스럽게 다가오는 법이지.

그 심연의 깊이가 당신의 품격을 만든다네.

005
—

거절조차
금빛으로 물들이는 태도

내용이 알차다는 것만으로는 부족하네. 그것을 감싸는 기품 있는 '태도'가 반드시 필요하지.

태도가 거칠면 아무리 옳은 소리를 해도 사람들의 귀에는 소음으로 들릴 뿐이야. 반면 세련된 매너는 쓰디쓴 거절의 말조차 부드러운 비단처럼 느끼게 하고, 뼈아픈 진실조차 달콤하게 삼키게 하지.

세상만사에서 '어떻게(How)'는 '무엇(What)'보다 훨씬 큰 비중을 차지한다네. 17세기 스페인 궁정에서 왕의 마음을 사로잡았던 것은 화려한 보석 자체가 아니라, 그것을 바치는 신하의 절제된 손짓과 우아한 말투였음을 기억하게나.

좋은 태도는 당신을 적의 칼날 앞에서도 건져 올리는 가장 강력한 무기가 될 거야. 사람들은 당신의 실력보다 당신이 보여준 마지막 인상의 온도를 더 오래 기억한다네.

006
—

자존을 잃으면
세상의 노예가 된다

자기 자신에게 너무 관대해지지도, 그렇다고 비굴해지지도 말게나.

당신의 도덕과 품격을 결정하는 기준은 오직 당신 자신의 양심이어야 하네. 외부의 값싼 칭찬이나 무책임한 비난보다, 스스로 내리는 엄격한 판결에 더 큰 무게를 두게나. 부적절한 행동을 멀리해야 하는 이유는 타인의 시선이 두려워서가 아니라, 당신 자신의 '자존Self-respect'을 지키기 위해서야.

예를 들어, 아무도 보는 이 없는 깊은 산속에서 길에 떨어진 금화를 보았을 때 그것을 줍지 않는 것은, 누군가에게 비난 받을까 무서워서가 아니라 '탐욕에 굴복한 나 자신'을 견딜 수 없기 때문이지.

스스로를 존중하는 마음이 확고하다면, 당신의 행동을 교정해 줄 외부의 압력이나 눈치 따위는 필요치 않다네. 아무도 보지 않는 방 안에서도 당신이 지켜야 할 품위가 있네.

당신이 당신 자신의 가장 엄격한 스승이 될 때, 당신은 비로소 세상이라는 감옥에서 자유로워질 수 있네.

007

—

본질은 소수만 보고
외면은 모두가 본다

사물은 본래의 모습이 아니라 보여지는 모습에 따라 평가받는 게 이 세상의 서글픈 이치라네. 본질을 꿰뚫어 보는 이는 만 명 중에 한 명뿐이고, 나머지 구천구백구십구 명은 당신의 겉모습에 현혹되지.

당신이 아무리 내면이 아름답고 옳다 해도 그 외면이 품위 없어 보인다면 당신은 대중에게 틀린 것이나 다름없어. 보이지 않는 것은 존재하지 않는 것과 같지.

내면의 완벽함을 갖추었다면 그에 걸맞은 훌륭한 외형, 즉 당신만의 드러나는 격조를 갖추는 것을 부끄러워하지 말게나. 또 반대로 왜 세상 사람들은 나의 내면의 가치는 몰라주고 외형으로만 판단하려고 할까라며 세상을 원망하지도 말게나.

그것은 바다의 깊이를 보지 못하고 수평선의 아름다움만 찬양하는 인간의 본성이니, 차라리 그 본성을 이용해 당신의 진실된 가치를 세상에 전달하는 가장 효율적인 옷을 입게나.

008
—
똑같이 날면
격추된다

언제나 같은 방식으로 움직이지 말게나. 특히 당신을 노리는 적수가 있다면 더욱 그렇다네.

직선으로만 비행하는 새를 사냥하는 것은 초보 사냥꾼에게도 식은 죽 먹기지만, 끊임없이 궤적을 비트는 새를 맞추는 것은 명사수에게도 불가능에 가깝지.

사람들은 곧 당신의 일관성을 파악하고 다음 수를 읽어내려 할 거야. '이 사람은 이 상황에서 이렇게 하겠지'라는 예측이 가능해지는 순간, 당신의 영향력은

반 토막이 난다네. 그렇다고 매번 심사숙고한 수만
두지도 말게. 상대는 그 신중한 패턴마저 읽어낼 테
니까.

　진정한 승부사는 상대가 기대하는 카드를 절대 내
지 않으며, 상대가 간절히 원하는 카드는 더더욱 내
주지 않는 법이라네. 가끔은 당신답지 않은 행동으로
세상을 당황시키게나.

009
—
가끔은 사라짐으로써
갈망하게 하라

늘 곁에 있는 존재는 그 명성이 줄어들지만, 보이지 않는 존재는 타인의 상상력 속에서 거대해지는 법이라네.

부재는 당신을 전설 속의 사자로 만들지만, 과도한 노출은 당신의 밑천을 드러낼 뿐이지.

상상력은 시력보다 훨씬 멀리 가닿는다네. 사람들은 눈으로 확인한 초라한 사실보다 귀로 들은 화려한 환상을 더 오래 간직하지.

당신의 이름을 여론의 중심에 두되, 당신 자신은 그 중심에서 살짝 비켜나 있게나. 세상이 당신을 당연하게 여기기 시작할 때, 당신의 목소리가 그리워지게 무대 뒤로 숨게나.

　과감히 자취를 감추는 것, 그것이 당신의 가치를 금값으로 만드는 최고의 기술이라네.

갈증을 남기는 자만이
영원히 기억된다

아무리 달콤한 꿀물이 담긴 잔이라 해도 적당한 때에 입술에서 뗄 줄 알아야 하네. 모든 가치는 오직 '수요'에 의해 결정되기 때문이지.

육체적인 갈증조차도 완전히 해소하기보다 살짝 남겨두는 것이 진정한 품격이라네. 과도한 만족은 언제나 권태를 부르고 화를 자초하지.

누군가를 당신에게 매료시키는 유일한 방법은, 그들에게 약간의 '배고픔'을 남겨두어 다시 당신을 찾게 만드는 거야. 배가 부르면 산해진미도 쓰레기처럼 보이지만, 배고픈 이에게는 보리빵 한 조각도 생명수 같지 않은가.

갈증 끝에 쟁취한 당신의 존재는 그들에게 두 배의 기쁨과 영원한 잔상을 남기는 법이라네.

입구는 궁전인데
침실은 오두막인 인생을 경계하라

사람의 가치는 결국 그 '내면의 밀도'에서 결정된
다네.

어떤 이들은 오로지 보여지는 것에만 집착하지. 마
치 웅장한 대리석으로 장식된 궁전 입구를 지나 들
어갔는데, 정작 방 안은 곰팡이 핀 오두막인 집과 같
아. 이런 사람들은 대화를 시작하자마자 밑천이 드러
나고 흥미가 순식간에 식어버리지.

첫인사 때는 명마처럼 기세 좋게 달려들지만, 생각

의 원천이 메말라 있기에 곧 어색한 침묵만이 흐를 뿐이야. 본질을 꿰뚫는 현자들은 그 빈껍데기를 보며 오직 멸시만을 느낄 것이네.

외면을 꾸미는 시간의 절반은 반드시 내면의 강을 채우는 데 쓰게나.

노력의 흔적을
들키지 마라

능력이 뛰어날수록 인위적인 가식을 걷어내게나. 노력하는 티를 내는 순간 당신의 가치는 저렴해진다네.

'내가 이렇게 열심히 했소'라고 떠벌리는 자는 타인을 피로하게 할 뿐만 아니라, 스스로를 감시하고 고문하는 노예가 되지.

아무리 뛰어난 재능도 작위적인 냄새가 나는 순간 생동감을 잃고 인공 조화처럼 보일 뿐이야. 공을 들인 일일수록 그 수고를 철저히 숨기게. 마치 당신의 천성에서 저절로 우러나온 숨결처럼 보이게 해야 하네.

현자는 자신의 업적을 떠벌리지 않으며, 그가 무심한 듯 툭 던진 결과물에 세상은 비로소 경악하고 열광하지.

훗날 전설이 된 어느 거장은 수십 년간 촛불 아래서 눈이 멀 정도로 그림을 그렸지만, 완성작을 내놓을 때는 마치 신의 계시를 받아 단번에 그려낸 듯 행동했네. 사람들은 그의 피나는 노력보다 그가 가진 천재적인 영감에 더 큰 경의를 표했지.

노력은 지하실에서 하고, 결과는 천상에서 온 것처럼 보이게 하게나.

013
—

매일 영혼을 깎아
당신만의 정점에 도달하라

우리는 결코 완벽하게 태어나지 않는다네.

매일 자신의 인격과 소명을 갈고닦아, 존재의 가장 높은 곳인 '자기 완성의 정점'에 도달할 때까지 멈추지 말게나. 진정으로 완성된 사람은 그가 고수하는 취향의 품격, 사고의 명징함, 판단의 성숙함으로 증명되지.

어떤 이들은 평생 완성을 경험하지 못하고 늘 결핍된 채로 남겨지지만, 지혜로운 자는 뒤늦게라도 무르익네. 말에 지혜가 깃들고 행동에 신중함이 밴 인간은 깨어 있는 사람들의 필연적인 선택을 받게 될 거야.

　매일 그리고 조금씩 당신의 모서리를 깎아내게나.

당신의 가치를
증명할 무대를 선점하라

타인의 인정은 꽃을 피우는 산들바람이자 성취에 숨을 불어넣는 생명력이라네.

어떤 일은 보편적인 찬사를 받는 반면, 더 중요함에도 불구하고 전혀 인정받지 못하는 일이 있지. 전자는 대중의 지지를 얻지만 후자는 누구의 눈에도 띄지 않은 채 묻혀버려.

정복자들은 그 화려한 승리 덕분에 가장 오랫동안 기억된다네. 조용한 위대함에만 머물지 말게. 세상이 당신을 알고 활용할 수 있는 가장 밝은 무대로 올라 가게나.

알렉산드로스 대왕을 보게나. 그가 만약 변방의 작은 마을에서만 자신의 용맹을 뽐냈다면 세계를 호령하는 영웅이 될 수 있었겠나? 그는 가장 큰 무대인 전장 한복판에서 자신의 천재성을 온 세상에 목격하게 했네.

대중의 찬사를 통해 비로소 당신의 능력은 불멸의 명성을 얻게 될 걸세.

빛은 비추어질 때 비로소 빛이라네.

015

한꺼번에 보여주면
내일은 없다

　모든 사람 앞에서 당신의 능력을 한꺼번에 다 쏟아내지 말게나. 필요한 만큼의 힘만 사용하게.

　노련한 사냥꾼은 사냥에 꼭 필요한 만큼의 힘으로만 매를 날려 보낼 뿐이야. 오늘 모든 것을 다 보여주면 내일 보여줄 것은 아무것도 남지 않지.

　항상 '신선함'이라는 무기를 남겨두어 세상을 감탄시키게나. 매일 조금씩 새로운 면모를 드러내는 것은 타인의 기대를 계속 살아있게 만들며, 당신의 진짜 한

계가 어디인지 결코 짐작조차 할 수 없게 만들 거야.

신비로움은 조금씩 흘려보낼 때 가장 강력한 법이라네.

016
—

진실은 언제나
절반만 발설된다

예전에는 유창하게 말하는 것이 최고의 기술이었으나 이제는 아니네. 이제는 상대가 넌지시 던진 힌트, 즉 말하지 않은 진실을 낚아채는 능력이 필수적이지.

남의 말을 이해하지 못하는 자는 결코 자신의 뜻을 전할 수도 없다네. 우리에게 가장 중요한 진실은 대개 '절반'만 발설되지만, 집중한다면 그 '전체'의 의미를 충분히 움켜쥘 수 있어.

유리한 소식이 들려올 때는 '누군가 나를 속이려하거나 소문이 부풀려진 것은 아닌가' 하고 마음의 고삐를 바짝 죄어 의심해보고, 불리한 소식이 들릴때는 '상대가 진실을 축소하거나 감추는 것은 아닌가' 하며 채찍을 가하듯 집요하게 파헤쳐 진실의 바닥을 확인하게나.

시장의 흐름을 읽는 노련한 상인은 상대의 표정한 조각에서 물자의 흐름을 읽어내어 위기를 피하지만, 눈치 없는 초보는 겉으로 드러난 소문만 믿고 가산을 탕진하지.

눈치는 당신을 속임수로부터 지켜줄 유일한 등불이라네.

기술은 감추어질 때
가장 강력하다

교묘한 지혜를 즐기지 말게나. 그것을 뽐내는 것은 '나는 당신을 속일 준비가 되어 있소'라고 광고하는 것과 같아 더더욱 어리석은 짓이야.

진짜 지혜는 상대가 눈치채지 못하게 조용히 작동해야 하네.

만약 당신이 너무 영악해 보인다면, 사람들은 당신의 모든 말과 행동을 의심하며 경계의 담장을 높이 쌓을 걸세. 불신을 드러내는 순간 상대는 모욕감을 느끼고 언젠가 당신의 뒤통수를 칠 복수를 다짐하겠지.

최고의 기술은 당신의 노련함이 전혀 티 나지 않게, 마치 우연히 잘 풀린 것처럼 일을 완수하는 데 있네. 진짜 고수는 칼을 뽑아 휘두르는 소리를 내지 않고도 부드러운 미소 하나로 상대를 제압한다네.

018

—

성공을 다음 성공을 위한
예고편으로 써라

사람들의 기대를 끊임없이 자극하게나.

하나의 약속은 더 큰 약속을 예고해야 하고, 하나의 큰 성취는 더 위대한 성취의 전조가 되어야 하지.

단 한 번의 도박에 당신의 모든 운명을 걸지 말게나.

대중의 기대가 흩어지지 않도록 당신의 힘을 적절히 조절하는 것, 그것이 바로 고도의 심리 기술이라네. 첫 번째 성공의 기쁨에 도취되어 모든 것을 쏟아붓지 말고, 다음 장이 더 궁금해지는 소설처럼 당신의 행보를 설계하게나.

　사람들은 결말이 난 이야기에는 더 이상 관심을
두지 않는 법이야.

019
—
지식의 유행을
타라

지식조차 시대의 의복처럼 유행을 탄다네. 아무리 귀중한 진리라도 시대의 언어로 말하지 않으면 사람들은 그것을 박물관의 먼지 쌓인 유물처럼 취급할걸세.

유행하지 않는 낡은 지식을 고집하며 '내 것이 옳다'고 주장하는 것은, 무더운 한여름에 겨울 코트를 입고 거리를 활보하는 것과 같아.

사고와 취향은 시대의 물결과 함께 변하니, 당신의

풍모와 지식을 지금 사람들이 이해할 수 있는 세련된 방식으로 다듬게나. 과거의 것이 더 훌륭해 보일지라도 말이네.

지혜로운 자는 당신이 살고 싶은 이상적인 과거가 아니라, 당신에게 주어진 오늘이라는 차가운 현실을 기꺼이 살아내야 하네.

시대의 언어를 배워 당신의 가치를 설파하게나.

020
—
당신이 없으면
안 되는 판을 짜라

조직이 당신을 필요로 하게 만들어야지, 당신이 조직에 매달려서는 안 된다네.

어떤 이는 직위 덕에 빛이 나지만, 어떤 이는 그 직위를 스스로 빛내지. 당신의 직무에서 압도적인 실력을 갖추고 세련된 매너를 더하게나.

무능한 후임자가 들어왔을 때 사람들이 전임자인 당신을 그리워하는 현상을 보게나. 그것은 당신의 위대함을 진심으로 존경해서가 아니라, 현재 겪고 있는 무능한 후임자의 실책이 너무 고통스럽기에 그 고통을 피하고 싶어 과거를 불러내는 것뿐이라네.

당신은 그런 일시적인 그리움에 만족하지 말게.

당신이 자리를 비웠을 때, 당신이 쌓아온 치밀한 방책과 실력이 없어서 도저히 일이 돌아가지 않도록 판을 설계하게나.

그것이 누구에게도 휘둘리지 않는 비결이라네.

021
—
우아함은
모든 기술 위에 입히는
최후의 영혼이다

우아함이 결여된 아름다움은 생기 없는 조각상에 불과하다네. 우아함은 재능에 생명을, 행동에 영혼을 부여하는 최상의 장식이지.

구체적으로 우아함이란 무엇인가? 그것은 어떠한 곤경이나 모욕 속에서도 평정심을 잃지 않는 기품이라네.

예를 들어, 누군가 무례한 언사로 당신을 공격할 때 같이 소리를 지르는 것이 아니라, 마치 짖는 개를

보듯 여유로운 미소로 상대를 무색하게 만드는 태도
이지.

친절함이 없는 아름다움은 죽은 것이고, 무례함은
모든 재능을 갉아먹지. 난처한 상황에서 가장 품격
있게 탈출하고 싶다면 우아함이라는 무기를 장착하
게나.

그것은 휘두르는 칼보다 훨씬 날카롭게 상대의 기
세를 꺾어놓을 걸세.

O22
—
재능은 조명을 받을 때
완성된다

재능은 조명을 받아야 비로소 빛을 발한다네. 누구에게나 '결정적 순간'이 오기 마련이니 그 기회를 놓치지 말게나.

예를 들어, 화려한 궁전의 모든 방을 한꺼번에 공개하는 것이 아니라, 가장 비밀스럽고 아름다운 방은 끝까지 아껴두어 손님의 호기심을 유지시키는 것과 같네.

'보여주되 다 보여주지 말라'는 것은, 당신의 능력

을 증명하는 결과물은 내놓되 그 결과물을 만들어
낸 핵심 기술이나 깊이는 끝내 비밀로 부치라는 뜻이
라네.

사람들은 당신이 내놓은 보석에 감탄하면서도, '저
런 보석이 아직 저 사람의 주머니 속에 더 많겠지?'라
는 상상을 하며 당신을 끝없이 궁금해할 걸세.

그 감질나는 호기심이 당신의 진짜 권위를 만든다네.

023
—
실체 없는 과시는
광대놀음이다

아무런 업적도 없이 남의 공로를 가로채지 말게나. 그런 이들은 세상의 조롱거리가 될 뿐이야.

허영심은 언제나 불쾌하지만 실체 없는 과시는 비겁하기까지 하지.

당신의 공적이 클수록 그것을 뽐낼 필요는 줄어든다네.

당신은 행동으로 말하고, 이야기는 타인의 몫으로 남겨두게나. 당신의 업적을 베풀되 그것을 팔려고 하지 말게. 돈을 주고 가짜 찬사를 사서 진흙탕에 당신의 이름을 쓰지 말게나.

겉모습만 영웅인 척하는 자가 아니라 내면부터 단단한 진짜 영웅이 되기를 열망하게나.

진짜는 말하지 않아도 느껴지는 법일세.

024
—
홀로 있을 때조차
세상의 눈앞에 서라

현명한 자는 세상이 자신을 지켜보고 있음을, 혹은 언젠가 지켜보게 될 것임을 안다네. 그는 벽에도 귀가 있으며 잘못된 행동은 반드시 자신에게 되돌아온다는 사실을 명심하지.

아무도 없는 방에서도 그는 온 세상의 눈이 자신을 향하고 있는 것처럼 행동한다네. 모든 행위는 결국 밝혀지기 마련이야.

당신의 행실을 나중에 전해 들을 모든 사람을 현

재의 증인으로 간주하게나. 숨길 것이 없는 삶이야말로 당신을 가장 강력하게 만드는 권위이자 자유라네.

떳떳함은 그 어떤 방패보다 단단하다네.

025

—

오늘이라는
정점을 살아라

진실의 반대말은 망각이라네.

쓸 수 없을 때 쓰는 글이 진짜 지혜지.

세상의 모순에 섣불리 자신을 던져 항거하지 말고, 타인의 생각을 귀담아듣되 당신의 생각은 깊이 간직하게나.

죽음은 낭떠러지가 아니라 우리가 돌아갈 고향이지. 인생은 한 폭의 긴 두루마리 그림이 아니라, 붓끝이 종이에 닿는 매 찰나의 순간들이 모여 완성되는 법이라네. 그리지 못한 여백, 칠하지 못한 색채들이 훗날 다른 그림에서 다시 살아나기도 하지.

오늘이라는 이 '눈부신 하루'를 지혜로운 자의 마음으로, 하지만 소처럼 묵묵히 독서하며 채워가게나. 당신이 그려나가는 획 하나하나에 영혼을 담는 것.

그것이 곧 당신의 일생이 될 걸세.

THE
ART
OF
DISTANCE

2부

전쟁터 같은 사회에서
우위를 점하는 법

THE ART OF DISTANCE

026
—

지혜의 시작은
운명을 받아들이는 것

한밤의 까마귀는 우리 눈에 보이지 않지만, 그 날
카로운 울음소리는 분명히 정적을 가른다네.

우리는 그 정체를 알 수 없어 불안에 떨지만, 지혜
로운 자는 그 소리를 공포가 아닌 '생의 필연적인 신
호'로 듣는다네. 탄생과 죽음, 만남과 이별은 우리가
통제할 수 없는 운명의 울음소리와 같지.

이 소리를 피하려 애쓰는 대신, "그것이 올 것이 왔
구나"라고 인정하는 순간 비로소 인간은 자신의 삶

을 주체적으로 이끄는 위엄을 갖추게 된다네.

고대 로마의 장군이 개선 행진의 환호 속에서도 뒤에서 "죽음을 기억하라Memento Mori"고 속삭이는 노예의 목소리를 기꺼이 환대했던 것처럼, 운명을 체념이 아닌 '가장 고귀한 손님'으로 받아들이게나.

폭풍우가 치기에 항해술이 발전하듯, 당신을 흔드는 운명이야말로 당신의 영혼을 가장 단단하게 빚어낼 유일한 조각가라네.

027

—

바보로 살아라,
신념을 가진 자를 경계하라

무언가를 확신하는 자만큼 위험한 이는 없다네. 스스로를 '모든 것을 아는 솔로몬'이라 착각하는 순간, 지혜의 샘은 말라붙기 시작하지. 진짜 지혜는 '아직도 모르는 게 많다'는 즐거움에서 나온다네.

세상에는 자기 신념이라는 감옥에 갇혀 타인을 심판하는 '똑똑한 바보'들이 넘쳐나지.

17세기 스페인 궁정에서 실질적인 방책은 하나도 내놓지 못하면서 현학적인 궤변으로 왕의 눈을 가렸던 사변가들이 바로 그 전형이라네. 그들은 폭풍우가 친다고 해서 바다를 벌하려 드는 어리석은 자들과 같다네.

차라리 스스로 '바보'가 되어 세상의 모든 지식을 빨아들이는 스펀지가 되게나. 신념이 굳어지면 편견이 되고, 편견은 영혼의 눈을 가리는 법이야. 위대한 소크라테스가 평생을 바쳐 증명한 것은 오직 '자신의 무지'였다는 사실을 잊지 말게나.

모른다는 사실을 인정할 때, 비로소 당신의 영혼은 거친 풍랑 속에서도 진리의 물결을 발견할 힘을 얻을 걸세.

028
—

영혼의 결을
읽는 법

우리는 평생 타인을 온전히 알 수 없다네. 아무리 사랑해도 존재와 존재 사이에는 엷은 막이 쳐져 있지. 그 막을 무시하고 '내가 너를 다 안다'고 말하는 위선을 경계하게나.

당신의 곁을 내어줄 사람을 고를 때는, 그가 그 막의 존재를 인정하며 조심스럽게 다가오는지 살펴야 하네.

상대의 결점은 확대경으로 보고 자신의 결점은 안

대로 가리는 자와는 거리를 두게나. 진정한 벗은 당신의 찬란한 대낮이 아니라, 칠흑 같은 어둠 속에서 등 뒤를 스치는 서늘한 바람을 느낄 때 비로소 발견되는 법이지.

인생이라는 긴 여정에서 누구와 함께 걸을지는 당신의 품격을 결정하는 가장 결정적인 선택이라네.

029
—

비극은 신이 보내는
가장 고귀한 초대장이다

평온한 바다에서는 사공의 실력을 알 수 없고, 환한 대낮에는 별의 빛남을 알 수 없다네. 인간의 영혼이 가장 역동적으로 움직이는 순간은 역설적이게도 비극의 한복판이라네.

당신에게 닥친 시련을 '어둠과의 팔씨름'이라 여기지 말게나. 그것은 당신의 낡은 껍질을 깨고 초인으로 거듭나게 하려는 우주의 거대한 섭리일지 모르니. 천 번의 두드림을 견딘 철만이 부러지지 않는 명검이 되어 주인을 지키듯, 그 고통을 견뎌낸 자만이 자신의 한계를 뚫고 나아갈 수 있다네.

비극은 당신을 무너뜨리러 오는 것이 아니라, 당신 안에 잠자던 거인을 깨우러 오는 것이라네.

—

030

오답을 통해
정답에 도달하는 역설의 지혜

"죽고 싶다"는 말은 사실 "이렇게 살고 싶지 않다"는 간절한 외침이지.

불행과 실패를 너무 잘 아는 사람들은, 역설적으로 무엇이 진짜 행복인지 가장 잘 설명할 수 있는 자들이라네. 오답을 완벽하게 걸러낼 수 있다면 남는 것은 결국 정답뿐이지 않겠나.

무책임한 낙관론자들의 "다 잘될 거야"라는 말보다, 절망의 바닥을 쳐본 사람의 "살아보자"는 한마디가 더 큰 위로가 되는 이유도 여기에 있네. '합리적인 부정'은 영혼의 불순물을 걸러내는 필터와 같다네.

　당신이 오늘 마주한 실패는 기록적인 오답이 아니라, 내일의 정답을 완성하기 위한 가장 귀한 지침서가 될 걸세.

031

—

나갈 때를 아는 자의 뒷모습은
눈부시다

연극이 끝나고 막이 닫힐 때, 사람들은 그것을 끝이라 말하지만 지혜로운 자는 그 자리에 꽃봉오리를 놓는다네. 박수칠 때 떠나라는 말은 상투적이지만 진리라네.

당신이라는 존재가 사람들의 갈망의 대상일 때 무대를 내려오는 것, 그것이 당신의 명성을 영원히 박제하는 지혜이지.

태양도 지평선 너머로 사라질 때 가장 붉고 아름

다운 빛을 내뿜지 않는가.

　머무는 시간보다 떠나는 순간의 온도가 당신에 대한 기억을 결정한다네. 추억이 악취로 변하기 전에, 당신의 향기가 가장 감미로울 때 조용히 문을 닫고 나오게나.

　남겨진 이들이 당신의 부재를 아쉬워하며 빈자리를 쓰다듬게 만드는 것, 그것이 인생이라는 무대에서 보여줄 수 있는 가장 우아한 피날레라네.

032

—

정직하게
부딪히는 자의 위엄

적군의 화살이 빗발치는 성벽 위에서 자신의 자리를 지키는 파수꾼의 삶을 보게나. 세상은 그가 전공을 세우지 못했다고 비웃을지 모르나, 사실 이것이야말로 운명에 맞서는 가장 위대한 투쟁이라네.

비겁한 중상모략 속에서도 다시 의관을 정제하고 자신의 소명을 다하는 것, 비록 인생의 의미를 잃어버린 날일지라도 묵묵히 쟁기를 잡고 밭을 가는 그 정직함 속에 인간의 진짜 존엄이 깃들어 있네.

카르타고의 한니발이라는 거대한 위협 앞에서도 '기다림'이라는 정직한 전술로 로마를 구했던 파비우스 장군처럼 말이네.

폭풍우가 지나간 뒤에도 여전히 그 자리에 서 있는 고목처럼, 당신이 버텨낸 오늘 하루는 그 자체로 불멸의 승리라네.

033

—

풀을 뜯어먹는 소처럼
독서하라

자기 머리로 생각하기 시작하면 세상에 겁날 게 없다네. 하지만 많은 이들이 타인의 생각을 빌려 입고 그것이 자신의 것인 양 거드름을 피우지.

독서는 지식을 쌓는 행위가 아니라, 스승의 문장을 징검다리 삼아 당신만의 사유의 바다로 나아가는 과정이어야 하네.

소가 풀을 뜯어 천천히 되새김질하듯, 한 줄의 문장을 읽더라도 그것이 당신의 피와 살이 될 때까지 씹고 또 씹게나. 머리를 비워야 비로소 영혼이 들어올 자리가 생기는 법이야.

책 속에 갇힌 죽은 지식이 아니라, 당신의 삶을 관통하여 행동으로 분출되는 살아있는 지혜를 열망하게나.

034

가끔은 말없는 위로가 더 절실하다

"힘내"라는 말만큼 무책임한 말도 없다네.

고통받는 이에게 필요한 것은 정교한 논리나 날카로운 조언이 아니라, 그저 그의 곁을 지켜주는 고요한 존재감이지. 말로 다 할 수 없는 상처는 오직 말없는 위로로만 치유된다네.

진심 어린 눈맞춤, 깊은 끄덕임, 그리고 함께 침묵할 줄 아는 용기. 그것이 사람의 영혼을 어루만지는 가장 강력한 손길이라네.

당신의 사람들에게 '살아라'고 강요하지 말고, '살아볼 만한 하루'를 같이 만들어가는 동반자가 되어주게나. 현명한 어른의 행복이 조용한 이유는, 그 안에 타인의 슬픔을 담아낼 수 있는 넉넉한 여백이 있기 때문이라네.

035

—

탄생의 신비를 배우는
지혜의 완성

죽음은 철창을 뛰쳐 나온 호랑이가 덤벼드는 것처럼 두려운 일이 아니라, 평생의 여행을 마치고 따뜻한 아랫목이 있는 고향집으로 돌아가는 일이라네.

우리는 죽음을 기다리며 비로소 탄생의 진짜 신비를 배우게 되지.

인생은 화가가 평생을 공들여 캔버스에 찍는 단한 점의 낙점과도 같네. 그 소중한 찰나들이 모여 우리가 '생'이라 부르는 기적을 이루는 것이지. 마지막

인사를 건넬 때 가장 슬픈 것은 그때 그 말을 하지 못한 것이라네.

　그러니 오늘, 사랑하는 이의 손을 잡고 지금 이 순간의 눈부심을 기억하게나. 죽음이라는 배경이 있기에 삶이라는 꽃은 더욱 선명하게 피어나는 법이니까.

036
—
혼돈 앞에서
어떻게 반응하는가

세상이 당신을 흔드는 것은 당신을 무너뜨리기 위함이 아니라, 당신 안의 수평을 확인하기 위함이라네. 바다의 파도는 아무리 거세게 일어나도 결국 평온한 수평선으로 돌아가지.

인생의 혼돈을 만났을 때, 그것을 파멸의 징조로 보지 말고 당신의 영혼이 마땅히 머물러야 할 고요한 대지로 돌아가는 이정표로 삼게나. 무너진 성벽 사이로 밤하늘의 고요가 비치듯, 시련이 휩쓸고 간

자리에 남은 침묵이 당신에게 진짜 가야 할 길을 알려줄 걸세.

흔들림을 두려워하지 않는 자만이 진짜 평화를 얻는 법이라네.

037

—

당신의 그릇이
운명을 결정한다

고통이라는 물이 쏟아질 때, 어떤 이는 깨진 물독처럼 모든 것을 흘려보내 자기도 마시지 못하고 주변을 진흙탕으로 만들지. 어떤 이는 두레박처럼 그것을 길어 올려 자신을 채우고 타인을 먹이네.

하지만 가장 위험한 자는 고통 속에서 돌멩이처럼 굳어져 버리는 자라네. 돌멩이는 고여 있는 물을 썩게 하고, 타인에게 던져지면 깊은 원망의 파문을 일으켜 평화를 깨트리지.

당신은 어떤 존재가 되고 싶은가? 고통을 영혼의 자양분으로 삼아 지혜의 물을 긷는 두레박이 되게나. 스스로를 비워 세상을 담는 그릇이 되는 것, 그것이 인간의 가장 고귀한 성장이라네.

038

—

흉터는 당신이
승리했다는 훈장이다

그리스 신화의 필록테테스는 지독한 악취를 풍기는 상처를 가졌지만, 트로이 전쟁을 끝낼 무적의 활 또한 가졌지.

당신의 상처를 부끄러워하지 말게. 그 상처는 당신을 무너뜨린 흔적이 아니라, 당신이 그 고통 속에서도 살아남았다는 증거라네.

상처 입은 치유자Wounded Healer 만이 타인의 아픔에 공감하고 진정한 리더가 될 수 있지. 흉터가 없는 영혼은 매끄러울지는 몰라도 결코 깊을 수는 없다네.

당신의 아픔이 곧 당신의 가장 강력한 무기가 될 걸세.

039

—

어제라는 실수를 지우고
오늘을 새로 써라

매일 아침 바닷가는 파도에 씻겨 새하얀 도화지가 된다네.

신이 인간에게 망각이라는 선물을 준 이유는, 어제의 후회에 묶이지 말고 오늘이라는 새날을 살게 하기 위함이지. 과거의 오답에 연연하지 말게.

우리는 매일 아침 새로 갈아 끼우는 촛불처럼 인생을 다시 시작할 수 있는 존재라네. 위대한 서사시를 쓰려다 잉크병만 바라보며 평생 서문조차 떼지 못한 학자보다, 서툰 문장이었으나 진심을 담아 민중의 마음을 움직여 역사를 바꾼 무명의 무인이 더 위대한 법일세.

인생은 수정할 수 있기에 아름다운 법일세.

040
—

인간은 천사로 죽을까
악마로 죽을까

우리는 평생 천사와 악마 사이의 위태로운 줄타기를 하며 살아가네.

중요한 것은 과정에서의 실수보다 당신이 마지막에 어떤 얼굴을 하고 있는가이지. 누군가에게 끝내 증오를 남기고 떠나 자자손손 원망의 씨앗을 심은 자가 될 것인가, 아니면 한 방울의 눈물로 용서를 구하며 주변의 얼어붙은 마음을 녹인 자가 될 것인가.

임종의 침상에서 당신이 가져갈 수 있는 것은 금화

도 작위도 아니라, 당신이 세상에 남긴 온기뿐이라네.

훗날 사람들은 당신의 업적이 아니라, 당신이 떠난 자리에서 풍기는 그윽한 인품의 향기를 기억할 걸세.

041

—

지혜는 쥐어짜는 것이 아니라
내려오는 것

참된 깨달음은 머리를 싸매고 고민한다고 얻어지는 것이 아니라네.

아무리 애써도 보이지 않던 진실이, 어느 날 숲의 안개가 걷히듯 갑작스럽게 당신의 눈앞에 나타나지. 이것이 바로 지식 너머의 영역이라네.

자신의 똑똑함으로 장벽을 높이 쌓았다면, 이제는 그 성문을 열고 대자연의 숨결이 들어오게 하게나. 당신의 내면 지식의 장벽을 걷어내는 순간, 비로소 진짜 통찰이 시작된다네.

겸손하게 고개를 숙이고 일상의 작은 순간들을 소중히 여길 때, 당신은 비로소 우주의 거대한 지혜와 마주하게 될 걸세.

042

—

분석하는 차가운 지성에서
포용하는 따뜻한 가슴으로

지성은 칼처럼 날카로워 세상을 조각조각 분석하지만, 포용하는 마음은 따뜻한 햇살처럼 세상을 품어 안지.

세상 모든 일을 차가운 논리로만 해결하려 들지 말게나. 때로는 '이유 없는 눈물'과 '설명할 수 없는 평화'가 당신의 삶을 근본적으로 바꿀 때가 있다네.

날카로운 머리의 끝에서 따뜻한 가슴을 만나고, 그 가슴의 온기로 다시 차가운 지성을 녹여내는 것. 그것이 바로 완성된 인간의 모습이라네.

　신비의 영역을 인정할 때, 당신의 삶은 비로소 깊어질 걸세.

043
—
누가 짐승이 되고
누가 영웅이 될까

고통이 닥쳤을 때 본능적인 두려움에 굴복하면 짐
승과 다를 바 없으나, 그 고통을 디딤돌 삼아 자신을
넘어서면 역사가 기억하는 영웅이 된다네.

알렉산드로스 대왕이 전장의 공포를 노래로 바꾸
어 병사들의 사기를 북돋았던 것처럼 말이네.

당신 앞에 놓인 비극을 원망하기보다, 그것을 통
해 당신이 얼마나 위대해질 수 있는지 증명해 보이
게나. 중력을 거부하고 하늘로 솟구치는 독수리처럼,

시련은 당신을 더 높은 곳으로 데려다줄 바람이 될 걸세.

044

—

인간은 타인에 의해
바뀔 수 없다

백 마디 조언보다 스스로 깨닫는 한 줄의 문장이 당신의 운명을 바꾼다네. 스승은 길을 가리키는 손가락일 뿐, 그 길을 걷는 것은 오직 당신의 몫이지.

폭군 네로의 스승이었던 세네카가 아무리 훌륭한 가르침을 주었어도, 스스로 깨어나려 하지 않았던 네로는 결국 비극적인 최후를 맞이하지 않았나.

타인의 박수나 비난에 일희일비하지 말게. 당신을 바꿀 수 있는 유일한 사람은 바로 당신 자신이라네.

외부에서 오는 행운을 기다리지 말고, 당신 안의 내면의 빛을 먼저 밝히게나.

스스로 깨어난 영혼은 그 누구도 다시 잠재울 수 없는 법이라네.

045

—

잃음으로써
채워지는 역설

전쟁터에서 가산을 모두 잃고도 "나의 모든 것은 내 안에 있다"고 선언하며 평정심을 유지했던 고대 철학자 아낙사고라스를 기억하게나.

참된 만족이란 아무것도 없는 상태에서 억지로 참는 것이 아니라, 모든 껍데기가 사라진 후에도 남는 '나 자신'만으로 '다시 그대로 이루면 된다'는 자신감을 느끼는 경지라네.

세상의 소유물은 안개처럼 흩어지지만, 고난을 통

해 정제된 당신의 인격은 영원히 남지. 더 많이 가지
려 애쓰기보다, 가진 것들이 모두 사라져도 무너지지
않는 단단한 자아를 구축하게나.

046
—

소음 속에서
당신의 영혼을 구출하라

하루에 단 얼마간이라도 정적 속에 머물게나. 그
것은 일상의 작은 소음들을 잠재우고 당신의 본질을
살리는 시간이라네.

나 역시 궁정의 화려한 소음과 질투 어린 속삭임
을 피해 깊은 밤 서재의 정적 속에서야 비로소 진리
의 목소리를 들을 수 있었네.

세상의 소리에 귀를 기울일수록 당신의 진실한 목
소리는 작아지지.

지혜는 시끄러운 시장바닥이 아니라 고요한 숲속에서 싹트는 법이라네. 침묵은 비어 있는 시간이 아니라, 가장 밀도 있는 대화가 오가는 시간이지.

당신의 영혼이 숨 쉴 수 있는 정적의 공간을 반드시 마련하게나.

047

사물을 넘어
본질을 꿰뚫는 법

인간에게는 보편적인 시력 너머에 더 깊은 시선들
이 존재한다네.

첫째는 사물의 외양을 보는 육신의 눈이요, 둘째는
타인의 아픔을 읽는 연민의 눈이며, 셋째는 시대의
흐름을 꿰뚫는 통찰의 눈이고, 마지막 넷째는 보이지
않는 진실을 발견하는 혜안이라네.

육신의 눈으로만 세상을 보는 자는 평생 껍데기만
핥다 갈 뿐이야. 잎사귀 하나가 떨어지는 것에서도

계절의 엄중한 섭리를 읽는 자는, 세상의 어떤 풍파
에도 흔들리지 않지.

　당신의 마음속에 숨겨진 깊은 시선들을 일깨워 세
상을 입체적으로 감각하게나.

048
—

진실을 말하는 자는
고독의 무게를 견뎌야 한다

시대를 앞서가는 진실은 대개 당시에는 광기로 취급받는다네. 대중이 당신을 이해하지 못한다고 해서 당신의 가치를 의심하지 말게나.

위대한 소크라테스 역시 당대에는 청년들을 타락시키는 미친 사람 취급을 받으며 독배를 마셔야 했지.

지혜로운 자는 다수의 목소리가 아니라 진리의 무게를 따르는 사람이라네.

외로움은 당신이 제대로 된 길을 가고 있다는 증

거일지도 모르니, 당신의 통찰을 믿고 묵묵히 나아가게나. 훗날 역사가 당신의 고독한 외침을 지혜로 기록할 걸세.

049
—

돈의 길, 피의 길, 언어의 길

세상에는 세 가지 길이 있지.

첫째는 오직 금전과 생존만을 쫓아 안락함에 안주하는 돈의 길이요, 둘째는 권력을 쥐기 위해 타인의 희생을 발판 삼는 피의 길이네. 그리고 마지막 셋째는 진리를 탐구하고 품격 있는 문장으로 세상을 깨우는 언어의 길이라네.

돈의 길은 편안하고 피의 길은 짜릿하지만, 결국 영혼을 영원히 살찌우는 것은 언어의 길이라네.

로마 최고의 웅변가 키케로가 칼이 아닌 언어로 공화정의 가치를 수호하며 품격을 잃지 않았던 것처럼 말이네. 당신의 언어가 누군가를 살리는 피가 될 것인지, 아니면 상처를 주는 칼이 될 것인지 매 순간 선택하게나.

　당신이 내뱉은 말이 곧 당신의 운명이 될 걸세.

050
—

용서는 타인이 아닌
나를 위한 해방이다

용서하지 못하는 마음은 당신의 영혼을 스스로 감옥에 가두는 일이라네.

상대가 용서받을 자격이 있어서가 아니라, 당신이 자유로울 자격이 있기에 용서하게나.

평생 원수를 갚기 위해 증오의 독을 품고 살다 정작 자신의 삶은 말라비틀어진 비참한 최후를 맞이한 자를 보게나. 반면, 자신을 배신한 친구를 기꺼이 용서함으로써 마음의 평화를 얻고 더 위대한 업적을 남긴 이의 삶은 얼마나 풍요로운가.

증오는 자신이 독약을 마신 채 상대가 죽기를 기다리는 어리석음과 같지.

미움을 털어내고 그 자리에 평화를 채우는 순간, 당신은 비로소 당신 인생의 진정한 주인이 될 걸세.

051
—
관계의 장인이
되는 법

진정한 리더는 군림하는 자가 아니라 단절된 마음과 마음 사이를 잇는 이라네.

서로를 향해 겨눈 칼날을 거두게 하고, 차갑게 식어버린 대화의 온기를 되살리며, 불가능해 보이는 협력을 이끌어내는 사람이지.

당신의 권위는 타인을 억누를 때가 아니라, 타인이 당신을 통해 다른 이와 연결되어 희망을 품을 때 완성된다네. 분쟁의 현장에서 지혜로운 한마디로 평화를 일궈냈던 수많은 성현의 발자취를 따르게나.

당신이 놓은 다리를 통해 세상은 조금 더 따뜻해
질 걸세.

052
—
낙오된 자를 챙기는 넉넉함

효율과 성과라는 차가운 잣대로만 사람을 평가하지 말게나.

아흔아홉 마리의 양이 안전하다 해서 길 잃은 한 마리의 어린 양을 외면하지 않는 긍휼한 마음이야말로 세상에서 가장 강력한 자본이라네.

낙오된 자의 손을 잡고, 느린 자의 발걸음에 맞춰주는 넉넉함이 당신의 진짜 가치를 증명하지. 세상은 앞서가는 자들만을 찬양하는 듯하나, 시간의 심판대는 끝까지 사랑과 인내를 멈추지 않은 자를 기억한다네.

반드시, 꼭 기억하게. 당신의 그 따뜻한 시선이, 죽어가는 영혼을 살릴 수 있음을 명심하게나.

053
—

깨어 있는 자만이
시대를 선도한다

일찍 일어나는 부지런함보다 중요한 것은, 깨어 있는 찰나에 무엇을 감각하느냐라네.

지혜로운 자는 새벽의 미세한 공기 변화나 사람들의 미묘한 눈빛에서 시대의 거대한 징조를 읽어내는 예민함을 가진 사람이지. 둔감한 근면함은 시키는 일을 잘하는 자의 덕목일 뿐이지만, 예민한 감각은 역사를 새로 쓰는 이의 강력한 무기라네.

남들이 무심히 지나치는 작은 신음에도 귀를 기울

이고 그 안에 숨겨진 진실을 파헤치게나.

그 예리한 통찰이 당신을 평범한 군중으로부터 구별해 줄 걸세.

054
—

가장 슬픈 것은
그때 그 말을 못한 것

작별 인사는 언제나 갑작스럽게 찾아온다네.

사랑한다는 말, 미안하다는 말, 고맙다는 말을 내일로 미루지 말게나. 죽음의 문턱에서 우리가 가장 후회하는 것은 저지른 잘못보다 하지 못한 고백이라네.

당신의 소중한 사람들에게 지금 당장 당신의 진심을 전하게나. 따뜻한 말 한마디가 누군가의 평생을 지탱하는 버팀목이 될 수 있음을, 그리고 당신의 마지막을 후회 없게 만들 유일한 열쇠임을 잊지 말게나.

055
—
마침내 완성된
인생의 걸작

인생이라는 긴 연극의 막이 내리고 촛불이 하나둘 꺼질 때, 당신은 관객들에게 어떤 기억을 남기고 무대를 떠날 것인가.

나는 죽음이라는 거울 앞에 서서야 비로소 내가 태어난 이유를 깨달았네.

삶은 소유하는 것이 아니라 경험하는 것이고, 완성하는 것이 아니라 지속하는 것이라네. 당신의 인생이 한 폭의 아름다운 수묵화처럼 깊은 여운을 남기기를,

그리고 그 여백 안에서 새로운 생명의 씨앗들이 다시 피어나기를 기도하겠네.

이제 당신만의 참된 삶을 향한 여정을 시작하게나.

3부

호구가 되지 않고
우아하게 거절하는 법

THE ART OF DISTANCE

056
—
두 개의 기둥이
바로 서야 삶이 흔들리지 않는다

지능은 날카로운 무기가 되어 길을 열지만, 인격은 견고한 방패가 되어 당신을 지키지.

르네상스 시대의 정치가 체사레 보르자Cesare Borgia를 보게나. 그의 지능은 타의 추종을 불허했으나, 신의를 저버린 그의 비천한 인격이 결국 그를 고립된 파멸로 몰아넣었네.

뛰어난 지능은 당신을 높은 자리에 앉혀주지만, 오직 인격만이 당신을 그 자리에서 끌어내리지 않게 보호해 준다네. 머리만 좋고 가슴이 비어있는 자는 결국 자신에게 어울리는 고귀한 친구들을 잃고, 사방에 적들만 남기는 불행을 겪게 될 걸세.

 이 두 기둥이 균형을 이룰 때 비로소 당신은 흔들리지 않는 삶의 주도권을 쥘 수 있다네.

057
—

당신을 가르칠 수 있는
스승들과 섞여라

명문가의 거실은 허영의 사원이 아니라 '품격의 도서관'이어야 하네. 친구를 스승으로 만들 때 대화의 즐거움은 단순한 즐거움을 넘어 최고의 배움이 되지.

현명한 자는 자신의 말을 통해 찬사를 얻고, 타인의 말을 통해 배움을 얻는 이중의 기쁨을 누린다네.

고대 로마의 키케로Cicero가 당대 최고의 석학들과 서신을 나누며 자신의 지성을 칼날처럼 갈고닦았던 것처럼 말이네. 그에게 인맥이란 잘난 척하기 위한 장식품이 아니라, 자신의 무지를 깨닫고 거인의 어깨 위에 올라타는 사다리였네.

당신보다 뛰어난 이들과 함께할 때 비로소 당신의 사고는 비좁은 우물을 벗어나 넓은 대양으로 나아갈 수 있다네. 인맥이란 얼마나 많은 사람과 서신을 주고받았느냐가 아니라, 당신의 무지를 깨닫게 해줄 스승이 곁에 있느냐의 문제라네.

058
—
말이 화려한
기술의 시대는 갔다

유창한 달변은 이제 흔하디흔한 재주가 되었네. 이제는 상대가 넌지시 던진 짧은 말 사이의 행간을 읽어내는 통찰이 필수라네. 진실은 대개 절반만 발설되지만, 깨어 있는 자는 그 침묵의 무게만으로도 전체를 움켜쥘 수 있지.

냉철한 군주론의 저자 마키아벨리Machiavelli가 메디치 가문의 엄혹한 감시 속에서도 자신의 진의를 행간에 교묘히 숨겨 전했던 것처럼, 진정한 고수는 상대의 혀가 아니라 눈동자 뒤에 숨은 의도를 읽는다네.

상대가 호의를 보일 때는 그 뒤에 숨겨진 계산을 경계하고, 비난을 퍼부을 때는 그가 두려워하는 것이 무엇인지 파악하게나. 상대를 비추는 거울이 되되, 당신의 깊은 속내는 '엷은 막' 너머에 감추어두게나.

속이기 위해 말하는 자들 사이에서, 듣기 위해 침묵하며 판 전체의 흐름을 읽는 자가 결국 최후의 승자가 되는 법이라네.

059

마음을 얻는 자가
결국 판을 지배한다

강력한 권력을 가진 자의 진짜 위엄은 칼날이 아니라 호의적인 태도에서 나오네.

모든 이의 지지를 얻는 것은 리더만이 누릴 수 있는 고결한 특권이지. 남보다 더 많은 선을 베풀 수 있는 위치에 있다는 것, 그것이 바로 권력의 본질적인 이점이라네.

프랑스의 선량왕 앙리 4세가 "모든 백성이 일요일이면 냄비에 닭고기를 넣어 먹게 하겠다"는 다정한 약속으로 민심을 얻었듯 말이네. 본성이 비뚤어져 일부러 불친절하게 구는 이들은 신의 은총에서 가장 먼 곳에 있는 가련한 자들이라네.

060
—

무례한 부탁을
거절하는 것보다 어려운 기술

거절의 기술만큼 중요한 것은, 불필요한 일과 사람으로부터 당신의 영혼을 격리하는 기술이라네.

당신의 소중한 시간을 갉아먹는 외부의 소음들을 경계하게나. 당신과 상관없는 일에 매달리는 것은 아무것도 하지 않는 것보다 나쁘다네.

명상록을 쓴 마르쿠스 아우렐리우스 황제가 전쟁터에서도 자신의 내면으로 물러나 평온을 찾았듯, 타인이 당신의 삶에 함부로 침범하지 못하도록 방벽을 세워야 하네. 모두의 사람이 되려다 정작 누구의 사람도 되지 못하는 우를 범하지 말게나.

061

—

가슴속에 우아한
비수를 숨겨라

세련된 위트와 독설은 인간관계에서 가장 고도화된 기술이라네.

때로 예리한 말 한마디는 상대의 진심을 파악하는 시금석이 되지. 악의적이고 독이 든 말은 관계를 단번에 파괴하지만, 전략적으로 잘 발사된 독설은 오히려 당신의 평판을 공고히 한다네.

로마의 풍자 시인 마르티알리스Martialis는 이렇게 읊조렸다네. "벌Bee과 같은 문장을 써라. 꿀처럼 달콤

하되, 끝에는 반드시 침Sting이 있어야 한다."라고 말이지.

상대를 공격할 때 거품을 물고 욕설을 퍼붓는 것은 하수나 하는 짓이네. 그건 당신의 손만 더럽힐 뿐일쎄. 진정한 고수는 미소 띤 얼굴로, 가장 정중한 단어를 골라 상대의 뼈를 찌르는 걸세. 이것이 바로 '우아한 악의Elegant Malice'이지.

상대가 모욕을 당했음에도 화를 낼 명분을 찾지 못해 얼굴이 붉어지게 만들어야하네. 비수는 화려한 칼집에 들어있을 때 더 섬뜩한 법일쎄. 당신의 분노를 예의라는 포장지로 감싸라. 그러면 상대는 그 독을 피할 수 없을 것이네.

062

생각은 깨어 있는 소수처럼
하되 말은 다수와 섞여라

대세를 거스르는 것은 위험할 뿐만 아니라 비효율적이라네. 오직 소크라테스 같은 성자만이 그 길을 갈 수 있지. 대중의 견해에 노골적으로 반대하는 것은 그들을 조롱하는 것으로 비쳐 적개심만 살 뿐이라네.

진실은 언제나 소수의 전유물이며, 오류는 보편적이고 저속하다네. 현명한 자는 광장에서 자신의 진심을 외치지 않고 침묵 속에 갈무리하지.

당신의 날카로운 통찰은 오직 그 가치를 알아볼
수 있는 품격 있는 이들 앞에서만 꺼내놓게나.

063

—

뛰어난 자를 시기하는 것은
스스로를 비하하는 수치다

우리는 종종 누군가를 알기도 전에 본능적인 거부감을 느끼지. 특히 속물적인 반감은 탁월한 인물에게 향하기 쉽다네. 하지만 현명한 자라면 이런 감정을 다스려야 하네.

자신보다 훌륭한 사람을 미워하는 것만큼 부끄러운 일은 없기 때문이라네. 위대한 인물에게 공감하는 것은 당신을 고귀하게 만들지만, 그들을 시기하는 것은 당신을 저열하게 만든다네.

타인의 광채가 당신을 가린다고 생각하지 말고, 그 빛을 함께 나누는 법을 배우게나.

064
—
피하는 것은
비겁함이 아니라
압도적인 지혜의 증거다

신중함의 첫 번째 목표는 불필요한 분쟁을 피하는 것이라네. 뛰어난 능력을 갖춘 자는 감정의 양극단을 멀리하며, 언제나 신중함의 중심에서 전열을 가다듬을 시간을 벌지.

카르타고의 한니발이라는 거대한 위협 앞에서도 '기다림'이라는 정직한 전술로 로마를 구했던 파비우스Fabius 장군을 보게나. 자존심 싸움은 당신의 판단력을 시험에 들게 하지.

이미 한 명의 바보가 판을 깔아놓았다면, 당신까지 합류하여 두 번째 바보가 될 필요는 없다네.

065

인생의 성패는 지능이 아니라
'선택'에서 갈린다

삶의 대부분은 당신이 무엇을 선택하느냐에 달려 있네. 여기에는 세련된 취향과 정확한 판단력이 요구되지.

무언가를 선택한다는 것은 단순히 고르는 행위를 넘어, 최고의 가치를 알아보는 안목을 전제로 한다네. 지능이 높고 박학다식한 사람조차 정작 중요한 선택의 순간에 최악의 패를 쥐는 경우가 많지. 솔로몬 왕이 지혜를 구했을 때 얻은 것은 결국 '분별력'이었네.

최고의 것을 알아보는 눈은 인간이 가질 수 있는 가장 큰 축복이라네.

066
—

무조건적인 선함은
만만한 호구가 되는 지름길이다

죽은 사자의 갈기는 토끼조차 만만하게 보고 잡아당기는 법이라네. 용기에는 농담이 통하지 않지.

첫 번째 부당한 요구에 굴복하면 두 번째는 더 쉬워지며, 결국 당신은 마지막까지 타인의 의지에 끌려다니게 될 걸세. 지혜로운 자연은 벌에게 달콤한 꿀과 함께 날카로운 침을 주었다는 사실을 기억하게나.

당신의 선량함은 신중함이라는 칼집 속에 언제든 뺄 수 있도록 준비된 날카로운 검이어야 하네. 나중에 상황을 바로잡으려 애쓰는 것보다, 처음에 단호하게 기세를 잡는 것이 훨씬 효율적이라네.

마음의 나약함은 육체의 질병보다 당신을 더 비참하게 만드니까.

067
—
거절하지 못하는 삶은
타인의 오물통이 된다

    모든 요구를 들어줄 수는 없네. 승낙의 기술만큼이나 거절의 기술이 중요한 이유지. 무미건조하게 "예"라고 답하는 것보다, 정중하고 품격 있게 다듬어진 거절이 상대에게 더 깊은 신뢰를 줄 때가 많다네.

    거절은 단칼에 베어버리는 것이 아니라, 상대의 실망이 서서히 연착륙하도록 배려하는 과정이어야 하네. 약간의 희망과 정중한 언어로 빈자리를 채우게나.

"귀한 제의를 주시어 감사합니다. 하지만 지금은 제가 그 일에 온전히 몰입하여 당신의 기대에 부응할 만한 결과를 낼 수 있는 시기가 아닙니다. 더 좋은 기회에 더 좋은 모습으로 뵙기를 청합니다." 와 같은 정중한 말 한마디는 무책임한 승낙보다 백 배는 더 고귀하다네.

'예'와 '아니오'는 짧은 단어지만, 그 여운은 당신의 인생 전체를 결정짓는다네.

068
—
무례함은
무능의 증거다

진정한 맹수는 숲이 아니라 사람으로 북적이는 광장에 산다네.

타인이 접근하기 어렵게 구는 것은 스스로를 신뢰하지 못하는 자들이 저지르는 흔한 실수지. 지위가 높아졌다고 태도가 변하는 것만큼 천박한 일은 없네. 거만함을 훈장처럼 달고 다니는 불통의 괴물들을 보게나. 그들은 고귀한 고독 속에 머무는 것이 아니라, 자신의 오만함이 만든 감옥에 갇힌 것이라네.

궁정에서 주변의 모든 조언을 무시하고 무례하게 굴었던 신하가, 왕의 총애를 잃은 뒤 단 한 명의 도움도 받지 못한 채 처참하게 몰락하는 것을 보게나. 그에게 줄 수 있는 가장 우아한 형벌은 그를 홀로 두는 것이라네. 소통의 기회를 박탈당한 채 사람들의 외면 속에서 고립되는 것, 그것은 비열한 집단 행동이 아니라, 그가 스스로 뿌린 씨앗이 거둔 당연한 수확일세.

진정한 우아함은 가장 낮은 이에게도 친절할 수 있는 여유에서 나오는 법이라네.

069

—

상대의 눈높이에 맞춰
당신을 최적화하라

상대의 기분에 맞춰 자신을 변형시키는 '현대판 프로테우스'가 되게나. 지혜로운 자와 있을 때는 배우는 자가 되고, 경건한 자와 있을 때는 품격을 갖춘 자가 되어야 하네.

모든 이의 지지를 얻는 기술은 당신의 호의가 대중의 동의를 끌어낼 때 완성된다네. 이는 아첨이 아니라 고도의 적응력이자 지성이라네.

스페인의 합스부르크 왕가에서 각국의 대사들을

상대하며 그들의 문화와 언어, 심지어는 상대의 작은 버릇까지도 자신의 것처럼 소화해 마음을 샀던 노련한 외교관들을 보게나. 그들은 고집을 부려 상대를 바꾸려 하기보다, 자신이 먼저 상대의 모양에 맞게 변함으로써 결국 대화의 주도권을 쥐었지. 특히 누군가의 도움을 얻어야 하는 입장이라면 이 유연함은 당신을 지켜줄 가장 강력한 무기가 될 걸세.

모든 이에게 어울리는 천재성을 발휘하는 자는 세상 어디에서도 고립되지 않는다네.

070
—
적절한 유머는
관계의 독을 제거하는 해독제다

절제된 유머는 결점이 아니라 인생의 완성이라네. 한 꼬집의 유쾌함은 삶의 모든 순간에 풍미를 더하지. 위대한 리더들도 때로는 농담을 즐기며 대중의 사랑을 받는다네.

전 유럽을 호령했던 신성 로마 제국의 황제 카를 5세Charles V가 긴박한 회담 중에도 재치 있는 농담으로 정적들의 경계심을 허물고 협상을 승리로 이끌었듯 말이네. 상대가 시퍼런 칼날을 들고 덤벼들지라도 당신은 여유롭게 유머라는 방패로 받아넘기게나.

무겁고 딱딱한 분위기를 일순간에 녹여내는 그 유연함이야말로 사람들의 마음을 끌어당기는 가장 강력한 자석이 될 걸세.

071

—

우리는 보고 싶은 것이 아니라
들리는 것을 믿는다

인간은 직접 본 것이 아니라 들려오는 정보에 의존해 살지.

귀는 진실이 들어오는 통로이기도 하지만, 거짓이 드나드는 정문이기도 하다네. 진실은 대개 눈으로 확인되지만, 귀로 들려올 때는 전달하는 사람의 감정과 편견이 섞이기 마련이지. 특히 멀리서 온 소식일수록 순수한 진실은 희귀하다네.

그러므로 정보를 받아들일 때 주의하게나. 칭찬하

는 자의 말은 경계하고, 비난하는 자의 말은 더 깊이
의심하게나. 당신의 성찰이라는 시금석으로 거짓과
과장을 걸러내야만 진실의 본질에 다가갈 수 있다네.

072
—

피할 수 없는 타인의 결함은
풍경처럼 받아들여라

    가까운 이들의 단점은 익숙해진 추한 얼굴처럼 그저 받아들여야 하네. 세상에는 함께 살기 괴롭지만, 그렇다고 없이 살 수도 없는 고약한 인물들이 존재하지.

    지혜로운 자는 필요에 의해 어쩔 수 없이 참아야 하는 순간이 오기 전에, 미리 그들의 단점에 익숙해지는 연습을 한다네. 처음에는 혐오감이 들겠지만, 점차 무뎌질 걸세.

깊은 성찰을 통해 그 혐오감을 다스리거나, 혹은
풍경의 일부로 수용하게나.

073

—

검증된 자들과만
손을 잡아라

오직 명예를 소중히 여기는 자들과만 거래하게나. 그들의 명예심이야말로 최악의 상황에서도 당신을 배신하지 않을 유일한 보증수표라네.

품격 있는 자와 다투는 것이, 비열한 자를 이기는 것보다 훨씬 이득이지. 이미 밑바닥까지 추락한 자들과는 엮이지 말게. 그들에게는 당신의 신의를 담보할 인질(명예)이 없다네.

명예가 인간을 붙잡지 못한다면, 그 어떤 미덕도

그를 통제할 수 없음을 명심하게나.

074

—

당신의 고귀한 성명을
침묵으로 보호하라

자기 자신에 대해 말하는 것을 멈추게나. 스스로를 칭찬하는 것은 허영이며, 스스로를 비난하는 것은 속이 좁다는 증거라네. 이는 당신의 이름을 지키는 고도의 처세라네.

가문의 영광을 사방에 떠벌렸던 귀족이 결국 시샘 어린 고발로 가산이 몰수당했던 사례를 잊지 말게나. 또한 자신의 실수를 고해하듯 털어놓는 것은, 적들에게 당신의 목을 칠 수 있는 단도를 쥐여주는 것과 같네.

강력한 재상 리슐리외Richelieu가 "나에게 단 여섯 줄의 문장만 주면, 그 안에서 단 한 단어만으로도 그 사람을 교수대에 보낼 이유를 찾을 수 있다"고 했듯, 말이 많아질수록 당신의 위엄은 깎이고 치부는 드러나는 법이지. 지혜롭지 못한 모든 모습 중에서도 자신에 대해 떠벌리는 것이 가장 어리석다네.

　　침묵 속에 당신의 위엄을 갈무리하게나.

075

—

공손함은 비용 없이
사람의 마음을 훔치는 마법이다

공손한 태도를 당신의 평판으로 만들게나.

예의는 교양의 핵심 성분이며, 모든 이의 호의를 얻는 일종의 마법이지. 반면 무례함은 경멸과 반대를 부른다네. 예의는 부족한 것보다 넘치는 편이 낫지. 적의 앞에서도 예의를 잃지 않는 것은 당신의 용맹함을 증명하는 가장 강력한 수단이라네.

타인을 존중할 때 그 존중은 결국 당신에게 머물게 된다는 사실을 잊지 말게나.

076
—

타인의 오물로
당신의 가운을 더럽히지 마라

　자신의 얼룩을 남의 오물로 가리려 하는 것은 어리석은 자들의 위안일 뿐이라네. 궁정의 하수구 같은 남의 은밀한 뒷이야기를 수집해 옮기는 자들의 입에서는 언제나 지독한 악취가 나지.

　프랑스 궁정에서 남의 비밀을 팔아 연명하던 이들이 결국 그 비밀에 질식해 비참하게 쫓겨난 역사를 보게나. 타인의 잘못을 기록하는 '결점 등록기'가 되지 말게나. 그것은 심장 없이 사는 비참한 자들이나

하는 짓이지.

　당신이 누군가의 흉터를 가리키는 순간, 세상은 당신의 손가락에 묻은 먼지를 먼저 본다네. 세상에 흠결 없는 사람은 거의 없네. 다만 잘 알려지지 않았을 뿐이라네. 그들의 어둠을 들추어 당신의 존재감을 증명하려 들지 말게나.

077

—

불평은 당신의 가치를
헐값에 파는 행위다

불평은 언제나 당신의 신용을 떨어뜨린다네. 타인의 동정을 구하는 대상이 되기보다, 자립심의 모델이 되는 편이 훨씬 낫지.

비에 젖은 옷을 한탄하며 길바닥에 주저앉아 있는 이에게 손을 내미는 이는 드물다네. 오히려 묵묵히 빗속을 걸어 목적지에 도달하는 이에게 사람들은 경외를 보내지.

당신이 겪은 모욕을 발설하는 것은 "나를 더 모욕

해달라"고 광고하는 것과 같네. 도움을 구하려다 오히려 무관심과 경멸을 얻게 되지. 현명한 자는 자신의 실패나 결점을 세상에 공표하지 않는다네.

오직 존경의 흔적만을 전시하게나.

078
—
큰 도량을 가진 자만이
누릴 수 있는 명예

고귀함의 핵심은 적에 대해 좋게 말하고, 그보다 더 훌륭하게 행동하는 것이라네.

스페인의 위대한 무장들이 적국의 장수를 포로로 잡았을 때, 그를 쇠사슬로 묶는 대신 자신의 식탁에 초대해 최고급 와인을 대접하며 적의 용맹을 칭송했던 그 기개를 보게나. 복수의 기회가 왔을 때 그 빛은 가장 밝게 빛나지.

단순히 기회를 넘기는 것을 넘어, 완전한 승리의

순간에 예상치 못한 관대함을 보여줌으로써 상대를 압도하게나. 이것이 바로 세련된 정치학의 정점이자 인간 경영의 극치라네.

079

—

압도적인 승리 끝에
예상치 못한 관대함을 보여라

단순히 승리를 뽐내지 않으면서도 마땅히 누려야 할 존경을 얻고, 자신의 공적을 겸손하게 숨기는 것. 그것이 바로 가장 강력한 승리라네. 원수에게마저 "그는 비록 나의 적이었으나 그 기개만큼은 대단했다"고 평할 수 있는 넉넉함이 당신의 가치를 증명하지.

검을 든 적을 굴복시키는 것은 힘이지만, 그의 영혼을 고개 숙이게 만드는 것은 당신의 관대함이라네.

관대함은 당신의 적을 가장 부끄럽게 만드는 가장
날카로운 무기임을 명심하게나.

080
—
판단을 서두르지 않는 자가
권위의 중심에 선다

상황이 명확하지 않을 때 판단을 보류하게나. 이는 당신의 결정을 보완하거나 확정할 귀중한 시간을 벌어준다네.

궁정의 모사들은 당신의 즉각적인 반응을 끌어내어 당신의 패를 읽으려 들 걸세. 무언가를 줄 때도 즉시 주는 것보다 신중히 고민한 뒤 건네는 것이 가치를 높이지. 오랫동안 기다려온 선물이 가장 귀한 법이라네.

거절해야 할 때도 시간을 벌게나. 그러면 그 '거절'이라는 쓴 약을 상대가 삼키기 좋게 다듬을 수 있다네. 상대의 압박에 서둘러 답하지 말게나. 침묵은 당신의 지혜를 가장 깊게 만들어주는 발효의 시간이라네.

081
—

사소한 논쟁으로
품격을 갉아먹지 마라

사사건건 토를 다는 습관은 당신을 어리석거나 괴팍한 사람으로 보이게 할 뿐이라네. 모든 일에서 결함만 찾아내는 것이 영리해 보일지는 모르나, 결국 당신을 외톨이로 만들지. 즐거운 대화의 장을 피 튀기는 모의 전쟁터로 바꾸어버리지 말게나.

17세기의 살롱에서 사소한 문구 하나로 결투를 신청하던 성급한 자들이 결국 무의미한 죽음을 맞이했듯, 비판적 사고를 무의미한 논쟁에 낭비하는 것은 영혼의 에너지를 허비하는 짓이라네.

　당신의 지성은 세상을 더 넓게 보는 데 쓰여야지,
타인의 말꼬리를 잡는 데 쓰여서는 안 된다네.

082

—

고독을 즐기는 자는
신을 닮는다

만약 전 세계를 대표하는 친구가 한 명 필요하다면, 바로 자기 자신이 되게나. 그러면 홀로 살아갈 준비가 된 것이지. 자신의 지성보다 명료하고 자신의 취향보다 세련된 존재가 없다면, 그 누구를 갈구하겠는가?

오직 자신에게만 의존하는 것, 그것이 가장 높은 행복이며 신의 경지에 다다르는 길이라네. 고독이란 아무도 없는 방에 갇히는 것이 아니라, 오직 자신만을 위한 잔치를 여는 시간이라네.

매일 아침 창문을 열고 바람의 냄새를 맡으며 오늘 살아야 할 이유를 한 줄의 문장으로 적어보게나. 저녁에는 오늘 하루 마주한 사람들의 시끄러운 잔상을 지우고, 오직 당신의 심장 소리에만 귀를 기울이는 연습을 하게.

타인의 소음에서 벗어나 숲길을 걷거나 고전의 문장과 대화하는 그 숭고한 시간을 통해, 당신은 비로소 세상이라는 거친 풍랑 속에서도 침몰하지 않는 거대한 방주가 될 수 있다네.

스스로를 충만하게 채운 자는 타인의 박수에 구걸하지 않는다네.

083
—
자기만족에 빠진 연설은
소음일 뿐이다

자기만족의 대가는 대개 대중의 경멸이라네. 말하면서 동시에 자신의 말에 귀를 기울이는 태도는 결코 좋은 결과를 낳을 수 없지. "내가 말했듯이"라거나 "그렇지 않나?" 같은 말을 반복하며 청중의 박수와 아첨을 구걸하지 말게나.

그런 태도는 현명한 자들의 인내심을 시험할 뿐이라네.

084

—

상처 난 손가락을
함부로 내보이지 마라

당신의 아픈 손가락을 보이지 마게나. 세상의 모든 악의는 당신의 가장 연약한 틈을 향해 화살을 쏘아대지.

화를 내고 불평해봐야 소용없네. 당신이 통증에 몸부림칠수록 사람들은 그곳을 더 집요하게 공격할 뿐이라네. 악의는 인내심이 깊어서, 당신이 스스로 상처를 벌릴 때까지 기다린다네.

스페인 궁정에서도 적의 약점을 잡은 자들이 가장

먼저 승전고를 울렸듯, 궁정의 암투나 비정한 세상을 살아가는 우리 모두의 생존 경쟁에서도 마찬가지라네. 현명한 자는 자신의 개인적인 치부나 가문의 오점조차 '한밤의 까마귀'처럼 어둠 속에 숨긴다네.

당신의 고통이 어디서 시작되는지 남들에게 들키지 말게나. 그 상처가 알려지는 순간, 세상은 당신을 위로하기보다 그 틈을 파고들어 당신을 무너뜨리려 할 걸세.

기쁜 일이 있어도 그 이유를 떠벌리지 말게. 남의 행복은 시기의 불을 지피는 땔감이 될 뿐이라네. 침묵은 당신을 보호하는 가장 단단한 갑옷임을 명심하게나.

085
—
화려한 달변보다
정교한 절제가 품격을 증명한다

대화는 한 인간의 실체가 드러나는 가장 노골적인 장소라네. 당신은 대화를 통해 가치를 얻거나, 혹은 모든 것을 잃지.

성현은 "말하라, 내가 너를 알 수 있도록"이라고 했네. 대화의 기술은 상대의 마음과 톤에 자신을 맞추는 데 있다네. 내가 궁정의 화려한 연회에서도 상대의 감정 상태를 먼저 살피고 입을 열었듯 말이네.

상대가 격앙되어 있을 때는 차가운 침묵으로 대응

하고, 상대가 배우길 원할 때는 따뜻한 조언으로 다가가게나. 화려한 수사로 가득한 웅변보다, 상대의 영혼을 꿰뚫는 단 한 마디의 신중한 절제가 훨씬 중요하다는 사실을 잊지 말게나.

086
—
의심은 당신을 지키는
가장 강력한 방패다

정신적 성숙함은 느린 믿음에서 가장 잘 드러나지. 너무 쉽게 남의 말에 이끌려가는 자는 금방 경멸의 대상이 된다네.

스페인의 궁정에서 날아오는 수많은 첩보와 소문 속에서도, 오직 검증된 사실만을 걸러냈던 노련한 정치가들을 보게나. 그들은 단번에 고개를 끄덕이는 법이 없었네. 판단을 유보하는 것은 듣는 자가 취할 수 있는 가장 현명한 태도지.

좋아하는 감정 역시 너무 쉽게 내어주지 말게나. 성급한 호감은 당신의 인생을 위험에 빠뜨리는 치명적인 실수가 될 걸세.

세상의 모든 사탕발림 뒤에는 당신의 실리를 노리는 낚싯바늘이 숨어있음을 늘 경계하게나.

087

—

친구를 고르는 데
인생의 성패가 달려 있다

경험의 입학시험과 운명의 졸업시험을 거친 자만
이 당신의 친구가 될 자격이 있네.

세상은 당신의 친구를 보고 당신을 판단하지. 현자
와 바보는 결코 섞일 수 없기 때문이라네.

아리스토텔레스가 말했듯, 친구란 두 신체에 깃든
하나의 영혼이라네. 단순히 연회장에서 함께 술을 마
신다고 해서 친구라고 믿지 말게나. 그것은 당신의
직위와 권력에 취한 것일 뿐이라네. 진정한 친구의

쓴소리 한 마디는 아첨꾼 백 명의 호의보다 유익하다네.

우연히 옆자리에 앉았다는 이유로 당신의 영혼을 맡기지 말고, 철저한 검증을 통해 얻어낸 보석 같은 우정을 소중히 여기게나.

088

친구는
감정의 쓰레기통이 아니라
'전략적 지렛대'다

친구를 활용하는 데에도 고도의 기술이 필요하다네.

친구는 단순히 감정을 배설하는 창구가 아니라, 당신의 인생을 함께 견인하는 강력한 동반자여야 하네. 멀리 있을 때 조언을 주는 지혜로운 친구와 가까이서 행동을 돕는 유능한 친구를 구분하게나.

진정한 친구는 당신의 삶 전체를 지탱하는 보루라네. 친구 없는 삶은 물 한 방울 없는 사막과 같으며, 고귀한 우정은 불행에 맞서는 유일한 해독제이자 당신의 영혼을 숨 쉬게 하는 환기구라네.

친구의 성공을 시기하지 말고, 당신의 성장을 돕는
거울로 삼게나.

089
—

세상은 바보들로 가득한 전장이다

지식이 깊어질수록 바보를 견디는 인내심은 바닥나기 마련이지. 많이 알수록 어리석음을 참기가 고통스럽기 때문이라네.

에픽테토스는 "견디는 것"이 지혜의 절반이라고 말했네. 스페인의 엄격한 궁정 법도 속에서도, 세상의 온갖 무식과 몰상식을 인내하며 평정심을 유지했던 현자들을 보게나. 인내할 힘이 없다면 차라리 당신만의 은신처로 퇴장하게나.

비록 그곳에서도 당신은 '자기 자신'이라는 또 다른 바보를 견뎌야 하겠지만, 타인의 어리석음에 휩쓸려 당신의 지성을 낭비하는 것보다는 훨씬 가치 있는 일이 될 걸세.

090
—

말은 유언장을 쓰듯
단어를 아껴라

단어를 추가할 시간은 언제든 있지만, 내뱉은 말을 주워 담을 시간은 영원히 오지 않는다네. 유언장을 작성하는 심정으로 한 마디 한 마디를 고르게나. 말이 적을수록 분쟁의 불씨도 작아지는 법이지.

깊은 침묵은 신적인 권위를 뿜어내지만, 가볍게 입을 여는 자는 반드시 실족하게 되어 있네.

로마의 현자 세네카Seneca가 죽음을 목전에 두고도 불필요한 원망 대신 단 몇 줄의 문장으로 자신의 생

을 완결했던 그 엄숙한 절제를 보게나. 그의 말은 적
었으나 그 울림은 천 년을 넘었지.

당신의 혀가 당신의 무덤을 파지 않게 하게나. 사
소한 대화에서부터 단어를 아끼는 연습을 해야만, 결
정적인 순간에 당신의 목소리가 천둥처럼 힘을 얻을
걸세.

091
—
유리처럼 쉽게 깨지는
자아는 민폐다

관계에서 유리처럼 쉽게 깨지는 사람들이 있지. 티끌만 한 일에도 분노하며 주변 사람들을 살얼음판 위로 몰아넣는 이들이라네. 이런 이들은 대개 극도로 이기적이며 자신의 기분만 중시하는 '감정의 노예'일 뿐이라네.

진정으로 성숙한 자는 단단하고 끈기 있네. 진정한 품격은 금강석처럼 단단한 내면에서 나온다네.

092

—

당신의 광채를 유지하고 싶다면
함부로 섞이지 마라

타인과 너무 가깝게 지내지 말게나. 익숙함은 당신의 영향력을 갉아먹고 결국 경멸을 낳는다네.

밤하늘의 별들이 그토록 눈부시게 빛나는 이유는 우리와 멀리 떨어져 있기 때문이지. 자신을 너무 많이 보여줄수록 당신의 가치는 낮아지네.

당신만의 신비로운 아우라를 지키기 위해, '엷은 막' 하나 정도는 늘 남겨두게나.

093
—

말뿐인 친절은
영리한 사기다

세련된 매너로 바보들을 홀리는 자들을 경계하게
나. 모든 것을 약속하는 것은 아무것도 약속하지 않
는 것과 같지.

돈 주앙Don Juan이 감미로운 말솜씨로 수많은 이들
을 기만했듯, 알맹이 없는 예의는 고도의 사기일 뿐
이라네. 진정한 호의는 묵묵히 의무를 다하는 실천에
서 나오지, 화려한 형용사에서 나오지 않네.

그들이 건네는 찬사는 당신의 자질이 아니라 당신

에게서 빼앗아 갈 '이익'을 향한 것임을 잊지 말게나. 달콤한 꿀 뒤에 숨겨진 그들의 독침을 간파하는 것이 당신의 실익을 지키는 유일한 방법이라네.

094
—

무능은
전염병이다

바보를 보고도 그가 바보임을 모른다면 당신 자신이 바보라는 증거지. 어리석은 자들은 위험한 동료이자 파멸을 부르는 파트너라네.

스페인 국왕의 눈을 가리고 국가를 몰락으로 이끌었던 수많은 어리석은 측근들을 보게나. 그들은 아무리 단속해도 결국 어딘가에서 묵혀둔 어리석음을 터뜨리고야 말지. 자신의 명예조차 지키지 못하는 자가 어떻게 당신의 가치를 높여주겠나?

어리석은 자를 곁에 두는 것은 그들의 불행까지 고스란히 떠맡는 미련한 짓이라네. 그들을 멀리하는 것이 당신의 운명을 맑게 유지하는 지름길이라네.

095
—

가장 지능적인 복수는
'삭제'다

무시는 가장 세련된 형태의 처벌이라네. 원하는 것을 얻는 가장 영리한 방법은 그것을 대수롭지 않게 여기는 척하는 것이지.

세상만사는 그림자와 같아서, 쫓아가면 멀어지고 도망치면 따라오기 마련이라네.

무가치한 자들은 거물과 대립함으로써 자신의 존재감을 증명하려 들지. 그들에게 줄 수 있는 최고의 형벌은 '망각'이라네. 당신이 그들을 아예 모르는 사

람인 척할 때, 그들은 자신의 보잘것없음이라는 먼지
속에 파묻혀 사라질 걸세.

　마치 연극의 막이 내리고 촛불이 하나둘 꺼지듯,
당신의 관심에서 그들을 완전히 지워버리게나. 대응
하는 순간 당신의 품격만 깎일 뿐이며, 그것이야말로
상대가 가장 바라는 인생의 각본이라는 사실을 잊지
말게.

096

—

그의 치부를 목격한
거울은 깨진다

권력자와 비밀을 나눈다고해서 당신이 그와 동급이 되었다고 착각하지 말게나.

사람은 자신의 추한 민낯을 알고 있는 거울을 곁에 두고 싶어 하지 않는 법이지. 비밀을 아는 순간 당신은 그의 노예가 되고, 상사는 자신의 자유를 되찾기 위해 언제든 당신을 쳐낼 준비를 할 걸세.

권력자의 비밀은 듣지도 말고, 묻지도 말게.

097
—
당신과 세상 사이,
지독한 균형이 필요하다

자신에게만 매몰되는 것도, 타인에게만 헌신하는 것도 모두 비참한 폭정이라네.

오직 자신만을 위해 성벽을 높이 쌓았던 폭군이 결국 백성들의 외면 속에 홀로 비참한 최후를 맞이했듯, 고립된 행운은 오래가지 못하네. 반대로 자신의 모든 시간을 타인을 위해 탕진하며 정작 자신의 영혼은 돌보지 못한 성자가 결국 허무함 속에 스러지는 것을 보게나.

현자들은 타인에게는 관대하되, 자신의 내면에는 누구도 침범할 수 없는 성역을 가졌네. 타인이 당신을 찾을 때, 그것이 '나'라는 존재를 사랑해서인지 아니면 나를 통한 '이득'을 원하는 것인지 명확히 구분하게나.

세상과 적당히 섞이되, 당신의 본질적인 고귀함까지 내어주지는 말게나. 당신 자신을 위한 단 한 시간의 정적조차 갖지 못한다면, 당신은 이미 당신 인생의 주인이 아니라 세상의 노예일 뿐이라네.

098
—

관계를 끝낼 때
파열음을 내지 마라

관계를 단칼에 끊어내는 것은 무모한 짓이라네. 어제의 친구가 오늘의 적이 될 때, 그 파괴력은 상상을 초월하지. 관계가 끝날 때는 분노의 폭발이 아니라 '서서히 식어가는 냉정함'을 택하게나.

함께 천하를 도모하던 동지가 떠날 때, 칼을 휘두르며 배신자라 저주하는 대신 조용히 술잔을 비우고 각자의 길을 갔던 장군들의 서늘한 예의를 기억하게나. 그들은 감정에 휩쓸려 상대의 결점을 세상에 뿌

리지 않았기에, 훗날 다시 마주했을 때 서로의 위엄
을 지킬 수 있었지.

향기가 악취로 변하기 전에, 조용히 문을 닫고 나
오는 기술을 익히게나.

099

—

타인의 저열함이
당신의 기준이 되게 하지 마라

배신과 거짓이 기본값이 된 비정한 세상이라네. 하지만 타인의 이런 저열한 행동은 당신에게 경고가 되어야지, 본보기가 되어서는 안 되네. 진정한 품격은 타인이 누구인가를 볼 때가 아니라, '내가 누구인가'를 잊지 않을 때 완성된다네.

영국 왕실의 소용돌이 속에서도 자신의 신념을 굽히지 않고, 오직 정직한 직언으로 단두대 앞에서도 고고한 용기를 보였던 토머스 모어Thomas More 경을 보게나. 모두가 뇌물과 아첨으로 왕의 환심을 사려 할 때, 그는 죽음을 담보로 정직을 선택했네. 그의 죽음은 비극적인 종말이 아니라, 시대를 초월하여 빛나는 인격의 승리였지.

모두가 속일 때 혼자 믿을 수 있는 사람이 되는 것, 그것이 당신을 불멸로 이끄는 가장 압도적인 생존 전략이라네.

100
—
사랑받되
존경받는 법을 익히라

사람들에게 사랑받으면서 동시에 존경받는 것은 천운에 가까운 일이지.

친밀함이 도를 넘으면 무례함이 싹트고, 거리가 너무 멀어지면 호감이 사라진다네. 불타오르는 열정적인 사랑보다는, 적당한 거리를 둔 '존경이 섞인 호감'을 목표로 삼게나.

너무 애쓰지 말게. 인생은 한 잔의 차를 마시는 시간과 같다네. 마지막에 웃는 자가 승리하는 것이 아니라, 마지막 순간까지 오롯이 '자기 자신'으로 남았던 자가 생을 완성하는 것이지.

죽음을 앞두고 내가 배운 가장 큰 지혜는 '자족自足'이라네. 어머니의 무릎에 누워 평온을 느끼던 아이처럼, 손에 든 것이 없어도 당신이라는 존재 자체로 이미 충만한 우주임을 깨닫는 것 말일세.

인생은 거대한 연극의 무대가 아니라, 매 순간 내면에서 묵직하게 진동하는 마음의 울림이지. 찍지 못한 것, 버렸던 것들에 연연하지 말고 지금 당신의 프레임 안에 담긴 그 눈부신 하루를 소중히 여기게나.

남에게 보이려 애쓰기보다, 당신의 내면에 피어난 작은 꽃 한 송이를 돌보는 데 남은 시간을 쓰게나. 그것이 당신이 세상을 떠난 뒤에도 지워지지 않는 가장 아름다운 수묵화가 될 걸세.

당신의 인생이 한 폭의 아름다운 수묵화처럼 깊은 여운을 남기기를, 그리고 그 여백 안에서 새로운 생명의 씨앗들이 다시 피어나기를 기도하겠네. 죽음은 낭떠러지가 아니라 따뜻한 아랫목이 있는 고향이라네.

이제 당신만의 참된 삶을 향한 여정을 시작하게나.

4부

불안을 잠재우고
나만의 속도로 사는 법

THE ART OF DISTANCE

101

—

시간은 헤라클레스의
몽둥이보다 강하다

서두름은 하수의 몫이고, 기다림은 고수의 품격이라네. 결코 서두르지 않고, 감정의 파고에 휘말리지 않는 것. 그것은 '인내'라는 거대한 자산을 가진 고귀한 영혼만이 보여줄 수 있는 증거라네.

타인을 다스리고 싶다면, 먼저 당신 안의 요동치는 격정을 완벽하게 통제하게나. 기회의 중심에 도달하기 위해서는 '시간'이라는 궤적을 반드시 통과해야만 하지. 신중한 유보는 당신의 목표를 더 날카롭게 벼리고, 생각과 행동을 성숙하게 만든다네.

시간이라는 지팡이는 헤라클레스의 몽둥이보다 더 거대한 일을 해내지. 신조차 인간을 벌할 때 즉각적인 회초리가 아닌 '시간'을 사용한다는 사실을 기억하게나. "시간과 나, 이 둘이 합치면 그 어떤 적도 상대할 수 있다"는 거인의 말을 가슴에 새기게.

로마의 독재관 파비우스가 한니발의 기세를 꺾었던 비결은 화려한 검술이 아니라, 적절한 때를 기다려 상대를 말라 죽게 만든 '시간의 기술'이었음을 잊지 말게나.

102

—

지식은 무기이고
용기는 방어쇠다

실천하지 않는 지혜는 열매를 맺지 못하는 공허한 울림일 뿐, 위대함이라는 집을 짓는 두 개의 기둥은 '지식'과 '용기'라네. 이 둘은 당신의 이름을 세상에 영원히 각인시키지.

당신이 아무리 많은 것을 알아도, 지혜가 '실천'이라는 발을 얻지 못하면 그저 허공을 떠도는 유령 같은 생각일 뿐이야.

지식 없는 인간이 불 꺼진 밤길을 걷는 것과 같다

면, 지혜와 용기는 사물을 보는 '눈'과 그것을 거머쥐는 '손'의 관계와 같네. 용기가 빠진 지식은 아무런 쓸모가 없는 '뿌리 없는 생각'에 불과하다네. 아무리 치밀한 작전을 세워도 방아쇠를 당길 용기가 없다면 적군 앞에서 항복하는 것과 다름없지.

고대 마케도니아의 알렉산드로스 대왕이 얽히고설킨 고르디우스의 매듭을 단칼에 끊어버린 것을 보게나. 그가 매듭의 구조를 누구보다 잘 분석해서였을까? 아니네. 복잡한 지식 위에 '단호하게 베어버리는 용기'를 얹었기에 그는 세계의 주인이 될 수 있었던 것이네.

103
—

비밀이 없는 자는
누구나 읽는 전단지다

침묵은 당신의 영혼을 지키는 가장 단단한 인장이라네. 비밀을 간직하지 못하는 사람은 길바닥에 뿌려진 전단지와 다름없네.

내면이 견고한 사람만이 깊은 비밀을 간직할 수 있으며, 그들의 마음속에는 중요한 가치를 숨겨둘 '심연의 지하실'이 있지.

침묵은 강력한 자기통제에서 나오며, 자신을 이기는 것이야말로 진정한 승리라네. 당신이 비밀을 누설하는 순간, 당신은 상대에게 자신의 목줄을 쥐여주는 셈이지. 당신의 내면에 절제력이라는 힘이 있을 때 비로소 지혜는 안전해지는 것이라네.

세상은 교묘한 질문과 풍자를 동원해 당신의 금고를 열려 하겠지만, 신중한 자는 그럴수록 더 깊은 침묵 속으로 숨는다네.

명심하게. 꼭 해야 할 일은 굳이 말할 필요가 없고, 꼭 해야 할 말은 이미 행동으로 증명되었어야 한다는 것을.

104

—

거울은 얼굴만 비출 뿐
내면을 비추지 못한다

나를 객관적으로 바라보는 성찰만이 인생의 진짜 지도를 완성하네. 당신의 재능이 어느 정도인지, 당신의 판단력이 어디로 튀는지 그 성향을 명확히 파악하게나. 나를 제대로 모르면 나를 다스리는 법도 알 수 없기 때문이지.

얼굴을 비추는 거울은 세상에 널려 있지만, 마음의 깊은 밑바닥을 비추는 거울은 오직 '고독한 성찰' 뿐이라네. 남들에게 보이는 겉모습은 잠시 잊더라도,

내면의 실체만큼은 끊임없이 깎고 다듬어 완벽하게 만들어야 하네.

당신의 지능이 버틸 수 있는 한계점이 어디인지, 당신의 용기가 바닥나는 순간이 언제인지 스스로 시험해보고 적재적소에 배치하게나.

델포이 신전에 적힌 "너 자신을 알라"는 말은 단순한 철학적 훈계가 아니라, 전쟁터 같은 삶에서 살아남기 위한 가장 실질적인 전략이라네. 내 그릇의 크기를 모르는 사람은 넘치는 물에 젖어 허우적거리지만, 내 그릇의 깊이를 아는 사람은 거친 비바람 속에서도 고요한 평온을 유지하는 법이지.

105
—

지능은 설계하고
근면은 집행한다

행운의 어머니는 언제나 '속도'였다네. 실행력은 지능이 고심 끝에 만들어낸 설계도를 즉시 현실로 옮기는 힘이라네.

바보들은 핵심을 모르기에 준비 없이 서두르다 일을 그르치고, 현자들은 너무 깊이 고민하다 행동을 미루어 기회를 놓치곤 하지. 예견은 신중함을 낳지만, 지체된 행동은 명철한 판단을 쓰레기통에 처박는 짓일 뿐이야.

행운의 어머니는 바로 '속도'라네. 내일로 미루지 않는 자가 이미 절반의 승리를 거둔 셈이지. 고대 로마의 격언인 '천천히 서둘러라 Festina Lente'를 기억하게나.

생각은 차갑고 깊게 하되, 기회가 포착된 순간에는 전광석화처럼 움직여야 하네. 운명은 망설이는 자를 기다려주지 않으니까.

106
—

격정의 노예가
되지 마라

감정을 통제하는 자만이 운명의 고삐를 쥘 자격을 얻는다네. 감정의 소용돌이에 휘말리지 않는 것은 최고 수준의 정신이 누리는 거룩한 특권이지.

고귀한 인격은 저급하고 일시적인 충동에 흔들리지 않아. 자신을 다스리는 것보다 더 높은 수준의 지배는 없으며, 그것이야말로 자유의지가 거둘 수 있는 진정한 승리라네.

감정이 당신을 지배하는 한, 당신은 결코 높은 자

리에 오를 수 없네. 분노나 희열에 눈이 머는 순간 당신의 약점은 만천하에 드러나지. 감정을 억제하는 것은 추문을 피하는 유일한 품격이자, 잃어버린 평판을 되찾는 가장 빠른 길이라네.

스토아 학파의 철학자들이 고통 속에서도 미소를 잃지 않았던 것은, 외부의 자극보다 내면의 평정이 훨씬 더 가치 있음을 알았기 때문이라네.

107
—

상상력은 당신을 높이는
왕관이거나 매질하는 채찍이다

고삐를 쥐지 못한 환상은 당신의 현실을 무너뜨린다네.

상상력은 때로 당신의 앞길을 밝히는 등불이 되기도 하지만, 고삐 풀린 적이 되어 당신을 공격하기도 한다네. 그것은 우리를 행복하게 만들기도 하지만, 때로는 이성을 마비시켜 파멸로 이끌지. 상상력은 단순한 구경꾼에 머물지 않고 우리 삶에 깊숙이 침투하여 주인이 되려 한다네.

지혜로운 자에게 상상력은 미래의 성공을 미리 그려보고 추진력을 얻는 '희망의 왕관'이 되지만, 어리석은 자에게는 오지도 않은 불행을 미리 끌어다 자신을 고문하는 '고통의 채찍'이 되지. 또한 근거 없는 낙관으로 현실을 도피하게 만드는 '달콤한 독약'이 되기도 하네.

　신중한 자기통제로 이 상상력을 굴복시키지 못한다면, 당신은 평생 당신이 만든 환영의 노예로 살게 될 것이네. 상상의 소음을 잠재우고 맑은 눈을 가질 때, 비로소 세상을 다스리는 진짜 힘이 생기는 법이라네.

108
—

탁월함은 양이 아니라
질에서 나온다

모든 곳에 있으려는 자는 결국 어디에도 없는 자라네.

위대함은 수량이 아니라 밀도에 머문다네. 최고의 것은 항상 드물고 귀하며, 양이 많아지면 가치는 헐값이 되지. 사람들 사이에서도 덩치만 큰 거인은 실상 실속 없는 난쟁이인 경우가 많다네. 책의 가치를 두께로 판단하는 것은, 두뇌가 아니라 근력을 시험하려는 어리석음과 같지.

단순히 범위만 넓은 것은 평범함을 벗어나지 못하네. 모든 분야에서 전문가가 되려는 보편적 천재들의 비극은, 모든 곳에서 내 집처럼 편안하려다 결국 어디에서도 환영받지 못한다는 것이라네.

집중Intensity만이 당신을 독보적인 존재로 만들며, 숭고한 영역에서 영웅적인 성취를 이뤄내게 할거야. 레오나르도 다 빈치가 수많은 미완성작을 남긴 것은, 양적인 완성이 아니라 질적인 극한을 추구했기 때문임을 기억하게나.

109

—

당신의 탁월함 뒤에는
치명적인 약점이 숨어 있다

단 하나의 오점이 당신이 쌓은 거대한 성벽을 무너뜨리네.

아무리 완벽해 보이는 사람이라도, 인생을 통째로 뒤흔들 치명적인 약점 하나는 반드시 있는 법이라네. 대개 똑똑한 사람일수록 그 약점은 더 크고 도드라지게 마련이지.

진짜 문제는 그가 자신의 약점을 모르는 것이 아니라, 오히려 그 약점을 '인간적인 매력'이라 착각하며 애지중지한다는 데 있네. 고칠 수 있는 결점을 고집스럽게 품고 사는 것은 스스로 무덤을 파는 비극이라네.

약점은 순백의 비단 위에 떨어진 시커먼 먹물 한 방울과 같네. 당신은 그 정도면 괜찮다고 안일하게 생각할지 몰라도, 적들의 눈에는 오직 그 오점만 보일 뿐이라네. 그들은 당신의 수많은 장점을 칭송하는 척하다가, 결정적인 순간에 그 약점을 집요하게 파고들어 당신을 무너뜨릴 것이네.

트로이 전쟁의 영웅 아킬레우스가 천하무적의 몸을 가졌음에도 고작 '뒤꿈치'라는 작은 급소를 방치하다 비참한 최후를 맞이한 것을 보게나.

당신의 그 뼈아픈 결점을 스스로 끊어내는 것은 살을 도려내는 고통이 따르겠지만, 그것만이 자신의 탁월함을 온전히 지켜낼 유일한 길이라네.

110
—
비둘기의 순수함만으로는
험한 세상을 버틸 수 없다

뱀의 영민함을 섞어 당신의 선함을 보호하게나. 뱀의 교묘함과 비둘기의 정직함을 절묘하게 교차시킬 줄 알아야 하지.

정직한 사람을 속이는 것만큼 쉬운 일은 없다네. 스스로 거짓말을 하지 않는 자는 남의 거짓말도 쉽게 믿어버리기 때문이지. 속임을 당하는 것은 당신이 어리석어서가 아니라, 너무 선하기 때문일 때가 많다네.

피해를 막는 현명한 자는 타인의 고통을 보고 미

리 배우는 법이라네. 상대가 덫을 놓는 만큼 당신도 신중한 의심을 품어야 하네. 타인이 당신에게 해를 끼칠 수 있을 만큼 과하게 착해지지는 말게나.

비둘기와 뱀을 당신 안에서 결합하게. 그것은 괴물이 되는 것이 아니라, 비정한 세상을 돌파하는 '압도적인 천재'가 되는 길이라네.

III

—

상황에 지배당하지 말고
상황을 지배하라

날카로운 관찰과 예리한 추론이 당신의 진짜 무기라네.

관찰력과 판단력을 갖춘 사람은 세상 일에 휘둘리지 않고 오히려 그것을 마음대로 요리하지. 그는 상대의 겉모습만 보고도 그 내면의 깊이를 단숨에 재버리는 '사람 읽는 고수'인 것이라네. 남들이 무심히 지나치는 아주 작은 행동 하나만으로도, 상대가 깊숙이 숨겨둔 본성을 낱낱이 파헤치게나.

날카로운 눈으로 관찰하고, 섬세한 감각으로 통찰하며, 명철한 머리로 추론하게나. 이 세 가지가 하나로 뭉칠 때 당신은 세상의 모든 비밀을 발견하고 당신의 것으로 만들 수 있네. 통찰이 깊은 자에게 세상은 숨길 수 있는 비밀이 없는 법이지.

고대 이집트의 사제들이 밤하늘 별의 미세한 움직임만 보고도 나일강의 범람을 예견하여 세상을 다스렸듯, 당신도 현상 너머의 진실을 읽어 시대의 진짜 주인으로 서게나.

112
—

서두르는 바보가 될 것인가, 고심하는 승자가 될 것인가

전광석화 같은 행동 뒤에는 반드시 태산 같은 숙고가 있어야 하네.

어리석은 자들은 '생각의 게으름' 때문에 파멸한다네. 그들은 일의 절반도 보지 못하고 무작정 덤벼들며, 정작 중요한 본질은 놓친 채 사소한 일에 목숨을 걸지.

내가 '속도가 중요하다'고 말한 것과 이 말이 모순처럼 들리는가? 전혀 아니네. 속도는 '집행'의 영역이고, 숙고는 '설계'의 영역이라네. 튼튼한 기초 설계 없이 빠르게만 지은 집은 금방 무너지는 법이지.

현명한 자는 행동하기 전 모든 가능성을 낱낱이 파헤치고, "내가 모르는 것이 더 숨겨져 있을지 모른다"고 끊임없이 의심하네. 이렇게 머릿속에서 치밀한 전쟁을 먼저 치른 사람만이, 기회가 왔을 때 망설임 없이 전광석화처럼 움직여 승리를 쟁취할 수 있는 것이네.

즉, 깊은 생각이 오히려 빠른 행동의 가장 강력한 엔진이 된다는 사실을 잊지 말게나.

113
—

세공되지 않은 재능은
그저 돌덩이일 뿐이다

갈고닦지 않은 천재성은 그저 부끄러운 가능성일 뿐이라네.

위대함이라는 열매는 '본연의 재능'과 '치열한 기술'이 결합할 때 비로소 맺히는 것이라네. 아무리 훌륭한 재능을 타고났어도 그것을 갈고닦는 기술이 없다면, 당신은 그저 거친 들판에 버려진 쓸모없는 돌덩이에 불과하네.

타고난 본성은 재료일 뿐, 그것을 완성품으로 만드

는 것은 오직 당신의 노력이지.

자연은 우리에게 '완성된 최고'를 거저 주지 않는다네. 당신의 거친 본성을 깎고 다듬어 스스로를 완성해야 하네. 훈련되지 않은 천재성은 오히려 삶을 망치는 독이 되기도 하지.

르네상스의 거장 미켈란젤로가 거대한 대리석 덩어리 안에서 눈부신 다비드상을 찾아내기 위해 수만 번 정질을 하며 살점을 깎아냈듯, 당신도 당신의 본성을 매일같이 깎고 연마하게나.

그 고통스러운 세공의 과정을 견딘 자만이 세상에서 유일하게 빛나는 보석이 될 수 있으니까.

114

—

위기의 순간에 빛나는
평정심이 당신을 구한다

깨어 있는 정신은 반복된 훈련이 만든 '본능'이라네. 정신이 서슬 퍼렇게 깨어 있으면 어떤 위험이나 불운도 당신을 꺾을 수 없기 때문이지.

어떤 이들은 평소엔 똑똑한 척하다가 정작 위기가 오면 당황하여 그릇된 길로 가고, 어떤 이들은 평범해 보이다가도 위급한 상황에서 최상의 능력을 발휘하지. 사람들은 이를 '역경의 체질'이라 부르며 타고난 것이라 생각하지만, 사실 그것은 평소에 최악의 상황을 가정하고 마음을 다스려온 '사고의 근육'이 만든 결과라네.

위기 앞에서 '나중에'란 없다네. 지금 당장 올바른 판단을 내리지 못하면 영영 기회는 사라지지. 전광석화 같은 판단력은 단순한 순발력이 아니라, 머리 속에서 수만 번의 시행착오를 거친 지혜의 결정체라네.

명철한 판단과 신중한 행동은 위기라는 칠흑 같은 어둠 속에서 더욱 눈부신 빛을 발하며, 당신을 평범한 군중 위로 우뚝 세워준다는 것을 잊지 말게나.

115

—

옳은 길을 걷는 것은 외롭지만
그 끝은 불멸이다

모두가 가짜에 취해 있을 때 홀로 진실을 지키는 위엄을 보여주게.

올바른 신념을 가진 사람은 군중의 집단 광기나 권력의 서슬 퍼런 압박 앞에서도 결코 비겁하게 무릎 꿇지 않는다네. 하지만 이런 '정직의 불사조'가 되는 길은 너무나 험난하여, 대다수 사람은 입으로만 정의를 찬양할 뿐 정작 불길이 닥치면 도망치기 바쁘지.

진짜 위험이 닥치면 가짜들은 정직을 배신하고, 영악한 자들은 어둠 속으로 숨어버린다네. 진실을 말하는 대가가 고독과 손해일 때가 많기 때문이지.

하지만 비겁한 자들이 눈치를 보며 구차한 핑계를 찾을 때, 정직한 자는 자신을 속이는 행위를 영혼에 대한 가장 비참한 반역으로 여긴다네.

만약 당신이 그 고독한 길을 걷다 군중을 떠나게 된다면, 그것은 당신이 변해서가 아니라 세상이 먼저 진실을 버렸기 때문임을 기억하게나. 그 고결한 고립이 결국 당신을 시대를 초월한 진짜 강자로 만들 것이네.

116
—

시대를 탓하며
주저앉지 말고 그 흐름에 올라타라

현자는 오늘을 치열하게 살아내며 영원한 명성을 준비하는 자라네.

탁월한 인물도 때로는 시대의 흐름이라는 파도에 휩쓸리곤 한다네. 누구나 자신이 원하는 세기에 태어나는 행운을 누릴 수는 없지. 어떤 이들은 너무 일찍 태어나 시대를 앞서가다 외면당하기도 하고, 어떤 이들은 너무 늦게 태어나 과거의 영광만 쫓다 사라지기도 하네.

탁월함조차 유행의 영향을 받지만, 진짜 지혜로운 자는 시대를 원망하는 대신 '지금, 여기'에서 자신이 할 수 있는 최선을 다한다네.

만약 이 세기가 당신의 가치를 알아보지 못할 정도로 어리석다면, 비굴하게 타협하는 대신 당신만의 길을 묵묵히 걷게나. 오늘 당신이 정직하게 뿌린 씨앗은 당신이 사라진 뒤에도 영원히 남을 명성이라는 숲을 이룰 것이네.

오늘의 외로움에 무너지지 말고, 영원이라는 종이에 당신의 이름을 깊이 새기는 '압도적인 성취'를 지금 이 순간에 만들어가게나.

117
—

인생의 가치는
생물학적 수명이 아니라
'밀도'에 있다

고결하게 살아낸 하루는 천 년의 세월보다 값진 것이라네. 그저 숨만 쉬는 삶이 아니라, 가치 있는 행동으로 꽉 채워진 올바른 삶을 살게나.

어리석음과 탐욕은 당신의 인생을 순식간에 시들게 만들지만, 절제와 지혜는 당신의 삶을 영원히 푸르게 유지해준다네. 어떤 이들은 삶을 지탱할 지능이 부족해서, 어떤 이들은 나쁜 습관을 끊어낼 의지가 없어서 소중한 시간을 쓰레기처럼 낭비하지.

방탕하게 사는 자는 남들보다 두 배의 속도로 파멸의 낭떠러지를 향해 달려가는 셈이라네. 하지만 품격 있는 삶은 육체적인 죽음 그 너머까지 이어지지. 내면의 단단함은 육체에 생명력을 불어넣으며, 선한 의지로 가득 채운 삶은 당신이 이 세상에 머무는 물리적인 시간보다 훨씬 더 길고 깊은 흔적을 남기게 될 것이네.

118
—

인생이라는 장엄한
연극의 마침표는
결국 인격이다

덕망을 갖춘 사람만이 시대를 호령하는 영웅이 된다네.

모든 가르침을 단 한 마디로 요약하자면, 결국 '덕Virtue을 갖춘 인격자'가 되라는 것이네. 그것이 당신이 가진 모든 완벽함을 하나로 묶어주는 황금 고리이자, 진정한 행복으로 가는 유일한 문이기 때문이지.

덕은 당신을 신중하게 만들고, 위기의 순간에 용기를 주며, 세상 사람들로부터 흔들리지 않는 신뢰를 얻게 한다네. 인격은 당신의 내면 세계를 비추는 찬란한 태양이며, 양심이라는 어두운 바다를 밝히는 유일한 등대라네.

인격이 빠진 성공은 모래 위에 쌓은 성처럼 허망한 농담일 뿐이지. 사람의 위대함은 부의 축적이나 화려한 명성이 아니라, 그가 가진 덕망의 깊이로 측정되어야 하네.

덕은 당신이 살아있는 동안에는 사람들의 진심 어린 사랑을 받게 하고, 당신이 세상을 떠난 뒤에는 그윽한 향기가 되어 영원히 기억되게 할 것이네.

배웅

이제 당신의 하루는 공백이 아닌 여백이다.

여기까지 왔군. 자네의 눈빛이 전보다 조금 더 투명하고 단단해진 것 같아 마음이 놓이네.

이 책에 담긴 118개의 문장은 서재에 꽂아두고 감상하라고 쓴 것이 아니야.

문밖으로 나가면 여전히 자네를 흔들려는 소음들이 가득하겠지만, 이제 자네는 혼자가 아니야. 자네의 혈관 속에는 침묵으로 압도하는 기술과, 우아하게 자신을 지키는 비책들이 흐르고 있으니까. 길을 잃었다고 느껴질 때는 타인이 쥐어준 지도가 아니라, 자네 내면의 깊은 울림에 귀를 기울이게나.

자, 이제 고개를 들고 뚜벅뚜벅 걸어가게.

THE ART OF DISTANCE
무례한 세상에서 나를 지키는 법

초판 1쇄 발행 2026년 3월 13일
초판 12쇄 발행 2026년 4월 27일
원작 발타자르 그라시안(Baltasar Gracián)
바탕글 조셉 제이콥스(Joseph Jacobs, 1892년 영문판)

펴낸이 이강욱
펴낸곳 논픽션
기획·편집 조태경
편역 하와이 대저택

등록 제2025-239호

주소 서울 강남구 학익로 30길 14, 이세빌딩 5층
전화 02-541-0983
전자우편 hwdjt.manager@gmail.com

표지디자인 어나더페이퍼
인쇄 제작 영신사

ⓒ논픽션, 2026

값 19,800원
ISBN 979-11-994895-3-0 03190